COLLECTION
FOLIO/HISTOIRE

Pierre Bouretz

La République
et l'universel

Gallimard

Le texte de cet ouvrage a paru originellement dans l'ouvrage collectif sous la direction de Marc Sadoun, *La démocratie en France*, tome premier : *Idéologies* (Paris, Gallimard, 2000) sous le titre « La démocratie française au risque du monde ».

© *Éditions Gallimard, 2000.*

Pierre Bouretz est directeur d'études à l'École des hautes études en sciences sociales. Il est notamment l'auteur de *Les promesses du monde. Philosophie de Max Weber* (Gallimard, 1996).

INTRODUCTION

La France a la passion de l'universel. Du Roi-Soleil à sa révolution vécue comme une aurore, elle s'est offerte à l'Europe des souverains et des peuples comme le modèle d'une politique marquée du sceau de la raison. Quant aux valeurs inscrites aux frontons de ses bâtiments publics, elle s'est persuadée de les avoir inventées, comme si elle leur donnait un éclat dénué d'héritage et sans comparaison. Vient enfin le mot destiné à désigner un universel pensé dans l'exemplarité du singulier : la république, terme forgé à l'antique afin de refermer dans un compromis les combats issus de l'irruption du moderne, référent suffisamment puissant pour maintenir longtemps encore l'horizon d'une conquête, drapeau souvent hissé face à ce qui viendrait d'ailleurs en suggérant l'existence d'autres formes de la démocratie. Dans cette lumière et jusqu'à une date récente, la France a pu croire que les conditions de sa propre grandeur étaient celles de la vérité même du monde. Elle souffrait sans doute d'une discordance des temps lorsqu'il fallait poser ensemble la table rase du passé et le legs des époques anciennes, mais le talent romanesque de ses historiens nouait merveilleusement la continuité d'une intrigue entre ces éléments opposés. Qu'importait alors qu'elle exportât ses principes par la force des armes, puisque même le sourcilleux Hegel avait imaginé voir l'âme du monde en contemplant l'Empereur sur son cheval. Pour ce qui concerne enfin ses conflits, ses déchirures ou ses blessures internes, ils semblaient toujours finir par se solder en unions nationales qui reforgeaient pour un moment les ardeurs éteintes. Avec cette passion, ces valeurs et ce mot, malgré ses guerres qui l'opposaient à elle-même et dans les batailles où elle affrontait les autres, la France a vécu son histoire comme un récit de l'universel[1].

La France a depuis longtemps déjà le goût de la commémoration, comme une manifestation sans doute de ce qui combat en elle la passion de l'universel : l'amour de soi national corrigé du mot « république ». Dans son histoire moderne, il est ce par quoi elle a patiemment édifié un calendrier qui a renoncé à la tentation première de recommencer le temps, pour du moins concurrencer un rythme du monde hérité de la religion chrétienne. Maîtriser les scansions de la vie des hommes en opposant aux heures du temps sacré la temporalité d'une mémoire nationale construite sur le rappel d'événements fondateurs ou de victoires, tel fut longtemps son enjeu. Mais tout porte à penser que le phénomène a pris son autonomie dans le cycle plus mystérieux d'un réaménagement du souvenir et d'une réorganisation de la structure même des époques. À titre d'hypothèse, c'est peut-être à mesure de l'épuisement progressif d'une politique vécue dans l'imaginaire des temps nouveaux que le présent s'attache à la remémoration du passé, comme si faute d'horizons inédits à découvrir, la grandeur se mesurait au respect de ses traces. L'aspiration à l'universel perd certainement de son éclat dans un tel processus et elle deviendrait à coup sûr le spectre d'elle-même si d'aventure elle ne se conjuguait plus que dans les modalités de la nostalgie. À l'inverse toutefois, il se pourrait qu'elle parvienne à se donner des formes nouvelles en renonçant aux expressions d'une autocélébration, par un retour réflexif sur elle-même, attaché au souci d'un examen critique des moments dont elle se nourrit et de ceux qu'elle tend à masquer.

Il semble que la France vive de nos jours une maladie de la déploration. Disons-le par une fable ou, si l'on veut, le cauchemar qui trouble le sommeil d'une partie de ses édiles et de ses penseurs. Nous sommes le 14 juillet 2089, place de la Bastille. Sur une vaste tribune ceinte du drapeau bleu au cœur duquel douze étoiles forment un cercle, deux personnages conduisent la cérémonie : le président de la confédération européenne qui est cette année une Anglaise et le gouverneur de l'État de France. Autour d'eux sont installés les représentants des vingt-neuf autres États et du reste du monde, selon un méticuleux protocole qui met en avant ceux qui parleront bientôt au nom des peuples que la France avait jadis colonisés. Dans la foule, les plus anciens se souviennent encore qu'en ce lieu, à cette date, on entendait autrefois l'accordéon des bals et ils versent une larme sans que l'on sache s'ils pleurent leur jeunesse perdue ou les symboles éteints d'un passé révolu. Les plus savants commentent quant à eux ce que le quartier contient des strates accumulées d'une histoire nationale : une prison détruite, une colonne érigée pour la remplacer en offrant au monde le joyeux génie de la liberté, les millions de pas qui ont arpenté l'endroit pour l'appropriation de ce symbole. Voici l'apothéose de cette singulière commémoration. De partout s'élève une musique métallique aux rythmes déconstruits, brassant les accents guerriers d'un hymne ancien pour bientôt les fondre dans l'harmonie savamment composée il y a déjà plus d'un siècle pour donner à l'Europe une image sonore. Pendant ce temps, une étrange machine suspend le génie au-dessus de sa colonne et découpe celle-ci en fragments qui vont être offerts aux États de la fédération en signe d'amitié, puis aux peuples du monde en gage de repentir. Trois siècles après sa révolution, disent les discours, la France a renoncé à sa farouche certitude d'être le phare universel de la liberté et elle vit désormais tranquillement au cœur d'une Europe qui cherche à organiser la paix du monde. Ici, le républicain se réveille en tremblant. Il sait désormais grâce au songe ce qui le hante : les formes de la république sont devenues étrangères à la nation qui leur donnait un fond. L'universel a divorcé d'avec le particulier, laissant la France orpheline de son rêve de grandeur mâtinée de vérité.

Passion de l'universel, goût de la commémoration, maladie de la déploration : se pourrait-il que ces trois phénomènes aient partie liée ? Leur chronologie prise à rebours semble apporter un puissant indice en faveur d'une réponse positive. À première vue en effet, l'inflation des discours de la plainte nostalgique coïncide avec l'avènement d'un rapport commémoratif au passé. Dans sa forme modérée, une telle conjonction se joue sur le mode mineur d'un constat, tout juste accompagné d'un imperceptible regret : au moment même de son bicentenaire, la Révolution française est terminée et avec elle cette exception qui fascinait les uns en irritant les autres, donnant à tous pourtant le sentiment d'une place à part parmi les nations démocratiques. Elle connaît aussi une formulation radicale, dans les accents majeurs d'un appel à la reconquête du passé et du réveil de ses valeurs, d'un sursaut contre la banalisation de l'expérience ou même l'invasion de modèles étrangers, d'une mobilisation enfin face au double péril d'un alanguissement de soi et d'une dilution dans le monde. D'où la singulière configuration formée par ces discours concurrents et peut-être complices. L'un tire sa force de la lucidité qui dévoile les illusions rétrospectives, mais il s'expose à l'accusation de liquider le sens profond de la singularité qu'il décrit. L'autre entonne le refrain de sa reviviscence en contestant le premier sur le terrain de son scepticisme, mais il peine à dissiper le sentiment de n'évoquer que des volontés mortes. C'est sans doute leur structure en répons qui confère à ces années leur allure crépusculaire, lorsque commémoration et déploration semblent scander le pas d'une danse des spectres autour des symboles d'une grandeur perdue.

Cette coïncidence et l'ambiance qu'elle génère sur fond de crise du sentiment d'universalité de l'expérience française sont peut-être l'expression visible des paradoxes de l'universel contenu dans ce sentiment. Le premier de ces paradoxes tient au fait que la France a longtemps pu croire que l'universel se confondait avec la singularité de son histoire nationale, selon un syllogisme doté d'une formidable puissance dynamique et parfaitement décrit par Pierre Nora : le progrès de l'humanité vers le bien s'opère par la conquête de la raison ; or l'agent historique de ce progrès est l'État national dont l'expérience révolutionnaire française offre le modèle ; l'histoire de France s'apparente donc à celle de la raison en marche [112, p. 1007]. Intégré à la conscience nationale, ce syllogisme permettait une double opération. Concilier tout d'abord ce que l'exemplarité devait à la radicalité de la rupture avec la permanence d'une identité pourtant venue du fond des âges : tâche historiographique à laquelle s'attacheraient tout autant Tocqueville que Michelet ou Jaurès, afin d'arracher la marche vers l'universel à l'éternelle répétition d'une violence instauratrice ; mais tâche politique aussi, qui serait l'œuvre des fondateurs de la république, au moment de cicatriser les blessures issues de la division inaugurale. À quoi s'ajoute que cette logique assurait aussi la possibilité d'exporter un modèle dégagé des péripéties du pur roman familial, pour devenir le vecteur d'un principe généralisable et d'autant mieux conquérant qu'il se donnait pour civilisateur. Revenant un instant au point précédent, on peut ainsi concevoir que c'est le délitement par paliers successifs au long de ce siècle de l'identité projetée entre grandeur nationale et marche de l'universel qui pose le fond de la morosité actuelle.

Un tel phénomène ne saurait toutefois dissimuler le fait que l'universalisme français repose sur un second paradoxe, lui aussi sans doute d'autant mieux visible qu'il s'épuise ou n'offre plus que sa caricature. Celui-ci concerne la manière dont le sentiment d'incarner l'universel en acte se nourrissait de la certitude qu'il était encore à conquérir, toujours menacé des retours du passé, ou sans cesse combattu par un ennemi aux multiples visages. Dans les batailles du XIXe siècle comme longtemps encore après l'apaisement qui semblait le clore, l'identification de la France à l'universel était d'autant plus puissante qu'elle reposait sur un effort visant à effacer en elle la persistance du singulier. Sur le plan politique, c'est lui qui rend compte de l'étrange instabilité des forces et surtout du permanent glissement de leur centre de gravité vers celles qui savaient allier l'universel et le national, invoquer l'élection et convoquer l'identité. Sur le plan social aussi, la conscience universaliste s'est entretenue grâce au concours d'un imaginaire de lutte contre des groupes aux singularités inquiétantes, comme si l'unité abstraite de la nation avait inlassablement besoin de se montrer à elle-même au travers de conflits qui figuraient la division. Reste enfin que c'est sans doute sur un plan qui n'a jamais parfaitement recoupé ceux du social et du politique que ce paradoxe a été le plus efficace : celui du combat au sommet entre deux discours revendiquant un accès privilégié à l'universel dans l'édification des âmes et la conduite de la cité. Arracher l'homme aux ténèbres de la religion plutôt que simplement aménager les territoires de l'Église et de l'État, façonner un citoyen de la raison plus encore qu'accompagner le repli des croyances dans le for protégé d'un intérieur privé, voilà sans doute le noyau le plus intime de la conception française de l'universel moderne et le foyer le plus intense des combats autour de son berceau, de son adolescence et même encore de sa maturité.

Afin de préciser cette hypothèse, il faut insister sur un dernier paradoxe de l'universalisme français plusieurs fois déjà effleuré. Il s'agit du souci constant de tenir ensemble la radicalité d'un effacement du passé et la continuité d'une identité : comme si l'universel avait besoin d'être affranchi de tout héritage pour être pur, tout en devant se réapproprier les éléments d'une grande histoire afin d'être complet. On sait que sous la forme d'une dialectique des régimes et d'un combat pour la légitimité, cette structure a organisé un XIXe siècle tourmenté, peinant à fixer le présent entre les récurrences du passé et l'impétuosité de l'avenir. Deux questions se posent alors, face à ce qui ressemble au succès de la forme républicaine dans sa manière de stabiliser le temps sous la vision du progrès, puis de maîtriser le conflit en semblant faire leur place pour parvenir à les réunir aux partisans de deux France. La première consisterait à savoir si l'exceptionnalité française dans l'universalisme moderne ne se réduit pas au concept clé de cette double entreprise : celui de laïcité, tout à la fois symbole d'une solution à l'antagonisme des visions du monde et vecteur d'une pacification sociale par intégration des individus dans une matrice commune. Aussitôt, pourtant, cette question en susciterait une seconde, liée cette fois aux ambivalences de ce concept, qui cache peut-être sous l'idée commune d'une séparation des ordres la conception plus spécifiquement française d'un rationalisme militant pour affranchir définitivement les consciences de toute métaphysique : la République n'a-t-elle pas vécu d'une longue rivalité mimétique avec la religion catholique, au risque de quitter la scène avec son adversaire et au moment où le combat s'épuise dans le flux d'un monde qui semble avoir donné congé à la transcendance ?

Ces questions et celles qui les précéderont ou en découleront bientôt appellent à l'évidence une entreprise comparative. Dans son histoire comme au présent, la démocratie française s'expose au risque du monde, mais elle ne le sait pas. Longtemps convaincue que la singularité de son aventure était le gage de sa mission providentialiste au service de l'universel, elle a tardé à accueillir les grandes explorations d'expériences tout à la fois proches et distinctes, mais qui troublaient sa tranquille certitude. Reconnaissance tardive d'un Tocqueville, enfouissement d'un Guizot, il y a sans doute au fondement de tels phénomènes plus que le soupçon idéologique d'une recherche de contre-modèles : le souci de préserver l'exemplarité d'une histoire unique. À quoi s'ajoute que de tels détours vers les révolutions d'Angleterre ou d'Amérique choisissaient encore le relativement proche ou les rameaux séparés d'une branche qui pouvait sembler commune. Il paraissait en revanche beaucoup plus hasardeux de jeter un coup d'œil sur le plus immédiat voisin, mais puissant symbole de l'altérité : une Allemagne toujours perçue dans les brumes d'un passé obscur, tardant à construire l'édifice rationnel d'une politique moderne tout en donnant l'impression d'en récuser les formes, figure menaçante d'une contestation intellectuelle et guerrière de l'universel français. Tout devait se passer ici comme si les regards croisés de Mme de Staël et de Heinrich Heine étaient destinés à demeurer sans lendemain, marginaux au sein de la conscience française comme l'étaient ces deux figures dans leurs sociétés respectives.

Il faudra donc s'exercer au voyage, dans les formes d'une anthropologie historique des expériences politiques modernes, en choisissant les destinations sinon les plus nombreuses, du moins les plus pertinentes, afin de revenir au port avec des éléments solides de questionnement. Sur ce chemin, il est des guides précieux, à commencer bien sûr par ce que Louis Dumont nommait la « démarche en miroir de Tocqueville », avec cette vertu parfaitement décrite : « le *respect de l'autre* ou le respect du fait social en tant que doué de sens » [38, p. 4]. Dans cette perspective et grâce à des travaux récents, il reste encore à découvrir au sein d'une Amérique si souvent caricaturée, éternel mauvais objet d'une politique française dont le principal reproche est peut-être de lui avoir ôté la grandeur en lui rendant la liberté, inépuisable réservoir de pratiques sociales admirées et honnies comme seules peuvent l'être celles qui risqueraient d'éclairer une incomplétude ou une imperfection. Mais le déplacement le plus riche d'enseignements reste sans doute celui qui conduit au plus près, vers l'ennemi séculaire contre qui semble s'être forgée la conscience nationale, démon de l'Europe au cœur de ce siècle avant d'apparaître comme l'élève exemplaire de sa reconstruction. Au miroir allemand, en effet, ce n'est plus seulement une variante au sein du devenir libéral des sociétés modernes que la France est appelée à contempler, mais quelque chose qui a longtemps ressemblé à une critique de ce processus, d'autant plus énigmatique qu'elle puise dans une histoire aux détours mystérieux et demeure offerte à des interprétations rétrospectives focalisées sur son débouché tragique.

Si le regard éloigné qu'apporte la comparaison est à l'évidence requis pour une intelligence du rapport de la démocratie française à l'universel, il ne peut se dissocier d'une autre distance : celle que doit installer une relation critique à sa propre histoire. Sur ce point, la France semble persister dans une ancienne difficulté dont il convient peut-être d'esquisser d'emblée les motifs avant d'en illustrer plus tard les formes. Pour ne prendre que deux exemples, on sait que récemment l'Allemagne fédérale ou Israël ont connu d'âpres controverses sur leur passé ou les conditions de leur naissance. Au travers de ce qu'il est désormais convenu d'appeler la « querelle des historiens », la première a développé un vaste débat public sur les enjeux savants et civiques du rapport au nazisme. D'un côté, il y a ceux pour qui la mémoire de l'événement fait en quelque sorte obstacle à sa compréhension et qui plaident la cause d'une « historicisation » radicale des faits, seule susceptible de faire passer ce que l'historien Ernst Nolte nomme « un passé qui ne veut pas passer » [110]. À quoi d'autres objectent, comme Jürgen Habermas, qu'un tel souci de banaliser le segment le plus obscur d'une histoire nationale est une manière de « liquider les dommages », pour proposer aussitôt de ne pas dissocier « une mémoire solidaire de l'irréparable » d'avec « une attitude réflexive et critique » vis-à-vis des traditions constitutives de l'identité [63]. Résulte de cette discussion non seulement une sorte de laboratoire de la mise en intrigue de l'histoire allemande, mais aussi un questionnement exemplaire des conditions dans lesquelles une nation peut examiner son propre passé avant d'engager avec d'autres ce que Paul Ricœur nomme un « échange des mémoires ». Dans un tout autre contexte et sur des enjeux différents, c'est le récit même des origines, le mythe des fondateurs et la partialité des points de vue sur leur œuvre qu'a récemment interrogés l'historiographie israélienne, développant à son tour une réflexion sur les conditions mêmes de l'écriture historique [61].

Face à ces formes de disponibilité à la pratique d'une histoire critique des événements fondateurs ou traumatiques d'une nation, la France semble souffrir d'une maladie de la lenteur ou de l'éviction. Deux exemples à nouveau devraient suffire pour étayer provisoirement ce point. Le premier concerne la Révolution elle-même et le paradoxe de ses interprétations. Pendant plus d'un siècle, en effet, la multitude des histoires qui lui furent consacrées par quelques-unes des plus grandes figures de la vie intellectuelle française offraient des sommes souvent impressionnantes et documentées, mais qui ne parvenaient pas à se détacher de la manière dont la vie politique continuait de se vivre dans ses catégories, sous le spectre de ses héros et par une sorte de répétition de ses événements. On pouvait alors trouver chez Lamartine ou Michelet, Jaurès, Thiers et bien d'autres encore des points de vue féconds ou des thèses tenaces, mais rien qui s'arrachât aux enjeux du présent et aux réappropriations orientées de ce qui s'apparentait à la matrice même de la politique française. Lorsque vint une historiographie savante que l'on pouvait croire détachée de ces luttes et susceptible d'établir la balance d'un jugement, elle se garda de le faire, préférant apporter à la thèse politique du « bloc » les éléments d'une histoire économique et sociale qui justifiaient la radicalisation du cours des choses par la vision d'un progrès ou l'argument d'une nécessité. Ce paradoxe ne s'éteindrait vraiment qu'avec celui qui lui succéderait : la coïncidence entre la fin de la Révolution en tant que foyer de l'imaginaire politique français et l'établissement d'une sorte de consensus sur l'antagonisme de ses périodes, comme si une forme d'accord à son sujet ne pouvait intervenir qu'au moment où elle quitte les consciences pour entrer au musée.

L'exemple de la lenteur vient de loin et d'un événement fondateur dont on peine à maîtriser les formes, entre les ombres et la lumière ; celui de l'éviction est proche de nous, s'agissant de l'épisode le plus traumatisant de l'histoire récente. Il serait bien entendu faux de dire que la période de Vichy n'a pas suscité en France une abondante littérature et l'on a même pu proposer une restitution précise des phases successives du rapport à ce passé, selon un cycle qui conduirait d'un « deuil inachevé » à un « refoulement », puis d'un « miroir brisé » vers une « obsession » [141]. Mais cette périodisation du « syndrome de Vichy » ne peut cacher deux phénomènes quant à son histoire.

Le premier tient au fait que les historiens français de cette époque ont voulu la lire dans les catégories de la guerre et de la défaite, de la collaboration et de la résistance, de la geste héroïque et de la défection nationale, épousant ainsi le choix des tribunaux de l'épuration de ne juger que la trahison, ou encore le mythe politique d'une immédiate réconciliation nécessaire au rétablissement de la grandeur. Par contraste, c'est alors de l'extérieur que sont venus les travaux fondateurs authentiquement critiques sur cette période critique et surtout sur son point aveugle au regard interne : la participation française à l'entreprise génocidaire du nazisme [119; 120]. D'où le paradoxe en quelque sorte inverse de celui de la Révolution et qui tient en une sorte de hâte à vouloir refermer ce dossier de Vichy, en des termes opportunément choisis par référence à la controverse allemande : comme « un passé qui ne passe pas » [27]. Si cette thèse qui évoque Ernst Nolte plaide en effet un « droit à l'oubli » face à un « devoir de mémoire » qu'elle juge envahissant et lié aux effets d'un « judéo-centrisme » dans le rapport à l'événement, on ne sache pas qu'elle ait suscité une discussion publique qui eût attendu deux types d'arguments au moins : l'équivalent de ceux de Jürgen Habermas, pour défendre l'idée d'une impossible normalisation de ce passé-là ;

quelque chose qui ressemblerait à ceux d'un Karl Jaspers avant lui, qui auscultait courageusement les formes et les degrés de la culpabilité allemande [75].

Les raisons d'une telle absence dont on trouverait des équivalents pour d'autres événements comme les guerres coloniales sont sans doute à chercher en deçà même de la sphère savante où s'élabore l'historiographie du présent et du passé récent. Elles semblent tenir à ce que l'on pourrait appeler une politique française de l'histoire, disposition qui de nos jours ne relève d'aucune contrainte ou censure, mais seulement peut-être de l'intériorisation d'un motif explicitement avoué mais rarement souligné d'un texte canonique de la tradition républicaine. Dans son opuscule de 1882 sur la nation, Ernest Renan s'exprime sans détour sur les vertus politiques de l'amnésie historique, phénomène que la France renforce d'ailleurs souvent par les effets de l'amnistie juridique : « L'oubli et je dirais même l'erreur historique sont un facteur essentiel de la création d'une nation, et c'est ainsi que le progrès des études historiques est souvent pour la nationalité un danger » [129, p. 41]. En dépit d'admirables historiens et d'excellents travaux sur son propre passé, la France semble avoir fait sienne cette proposition de Renan et ce qui la motive, à savoir le fait que l'investigation historique « remet en lumière les faits de violence qui se sont passés à l'origine de toutes les formations politiques ». De cette sagesse qui pourrait venir de chez Machiavel, découle l'idée selon laquelle, pour une nation traversée de conflits, la connaissance historique devrait en quelque sorte régler ses ambitions par le souci politique de ne point trop aviver les blessures qu'elle réveille. Sur le plan de la conscience commune, c'est dans la perspective dessinée par le Nietzsche de la seconde des *Considérations inactuelles* que la nation de Renan élabore spontanément sa mémoire : de l'utilité et des inconvénients de l'histoire pour la vie ; ou comment il existe un « degré d'insomnie, de rumination, de sens historique » qui menace d'ébranler ou même de détruire l'être vivant, « qu'il s'agisse d'un individu, d'un peuple ou d'une civilisation » [108, p. 97].

Plus que tout autre peuple sans doute, les Français ont naturellement pratiqué la considération nietzschéenne selon laquelle l'élément historique et l'élément non historique sont également nécessaires à la santé d'une entité collective. La fortune de la définition par Renan de la nation comme « plébiscite de tous les jours » tient d'ailleurs en cela qu'elle combine dans sa formulation ces deux éléments : l'héritage d'un passé commun de souvenirs, quitte à ce qu'il doive prendre les allures d'un mythe pour ne pas évoquer les conflits qui déchirent ; l'affirmation de la volonté d'agir ensemble, même si elle ne peut s'exprimer que dans le symbole d'une adhésion réitérée, afin de ne pas trop s'ancrer dans la manifestation d'une pluralité dissolvante. C'est là aussi que réside probablement le secret d'une grande forme historiographique française, dont Michelet et Lavisse offrent les manifestations littérairement opposées mais finalement convergentes : une véritable histoire monumentale visant à hisser vers l'universel un savant équilibre des passés, qui « donne au magistère historien la direction de la conscience nationale et fait de lui l'interprète et le garant du mythe » [111, p. 364]. Nul pourtant n'a mieux décrit l'épuisement de ce mythe que celui qui avait entrepris de l'aborder comme mémoire, offrant à la grande historiographie classique de la France l'expérience d'une mise en abyme. Au moment d'achever ses *Lieux de mémoire* en effet, Pierre Nora constate que le succès intellectuel de la démarche est contemporain d'un paradoxe : « l'avènement d'une mémoire nationale en lieu et place d'une histoire nationale » [112, p. 1008]. Identifiant alors l'origine de ce phénomène, il souligne la séparation des deux composantes unies par Renan comme culte des cimetières et plébiscite de tous les jours, ajoutant qu'il se peut que soit définitivement exténuée la possibilité d'un « projet national historiquement incorporé ».

Un tel constat renvoie immédiatement à ce que désigne ici Pierre Nora, à savoir le mystère de ce qu'il advient de l'identité d'un peuple qui avait bâti un mythe national capable d'étroitement nouer l'avenir au passé et qui découvre le divorce de ces deux instances avec ses conséquences : la patrimonialisation d'un passé détaché de la cohérence organisatrice d'une histoire et l'indétermination obsédante d'un avenir tout entier rendu à son imprévisibilité. Il suggère aussi d'engager encore quelques remarques liminaires sur un universel confronté à l'épreuve de l'histoire, au risque d'un retour critique sur le passé qui précède et accompagne celui qui procède de la rencontre du monde. Autrement dit et pour reprendre l'expression du phénoménologue allemand Wilhelm Schapp, s'il nous revient en tant qu'humains d'être « empêtrés dans des histoires », il appartient peut-être à la communauté française des citoyens d'être trop encombrée par son propre passé et les conflits de son histoire pour s'exposer aisément à un retour réflexif sur elle-même, condition pourtant d'une narrativité ouverte à d'autres expériences [145]. On sait en effet avec Paul

Ricœur que, si l'analogie est féconde entre l'écriture de l'histoire et le récit de fiction, la tâche spécifique de l'historien consiste à affronter le caractère quasi aporétique de la représentation exacte du passé [134, p. 203 sq]. D'où la distinction proposée par le philosophe entre trois niveaux ou même trois genres façonnés dans l'atelier de l'historien : « l'histoire documentaire qui relève des critères de vérification, l'histoire explicative ouverte à la controverse, jusqu'à l'histoire qu'on pourrait dire poétique puisqu'elle est celle des grandes affabulations de l'autocompréhension d'une nation à travers ses récits fondateurs » [136, p. 132].

Cette distinction permet de thématiser la difficulté propre à ce livre. La question qu'il pose invite à considérer comme objet principal le troisième des genres historiographiques décrits, celui où les grandes figures d'une autocompréhension historique dessinent le rapport privilégié à l'universel que la France aime se raconter à elle-même et présenter aux autres. Si l'on admet que les hypothèses déjà présentées sur le caractère instable ou contrarié de la pratique du second genre ont quelque plausibilité, toute la charge de la preuve semble donc remonter vers le premier niveau, à savoir une histoire documentaire dont la discipline exigerait plus que l'espace de ce volume. Comment sortir de ce cercle pour substituer à la nostalgie de l'exception un essai d'histoire critique de son sentiment ? Trois propositions pourraient peut-être y aider. Celle tout d'abord de ne pas dissocier le retour vers les origines de la comparaison, en sorte que l'une conforte l'autre dans leur finalité commune : percevoir la source d'une certitude française de posséder le code d'accès à l'universel moderne, tout en localisant les contestations qui l'ont sans doute renforcée dans un contexte de voisinages polémiques. En ce sens, le détour américain vers un bref XVIIIe siècle devrait apporter l'équipement nécessaire pour un voyage allemand mieux adapté au long XIXe siècle et à la découverte d'une spécificité de la réponse donnée par les Français au problème des nations modernes. La seconde proposition consiste à décider de resserrer l'investigation d'une telle spécificité sur les constructions sociales et les concepts qui en livrent la forme puis l'orientation décisives. De ce point de vue, ce sont les questions de l'universalité du modèle républicain et de la place exacte qu'occupe en son sein une laïcité qui s'expose entre le partage avoué du monde et la maîtrise secrète des âmes qui seront essentielles. Reste enfin une dernière préoccupation : celle de conserver comme aiguillon d'un questionnement critique de l'universalité des valeurs l'actuel symptôme de sa crise, en appliquant aux concepts ainsi isolés l'exercice de ce que Nathan Wachtel après Marc Bloch nomme une « histoire régressive » [164, p. 19]. Dans cette perspective, par laquelle « c'est à partir de ce qui, du passé, est vivant dans le présent que l'on entreprend de reconstituer le film du devenir », on peut non seulement espérer faire les parts respectives de la répétition et des latences, des lacunes ou de l'innovation, mais encore sortir des hantises symétriques d'un passé trop encombrant et d'un avenir devenu indéchiffrable.

MIEUX QUE L'AMÉRIQUE :
UNE RÉVOLUTION PARFAITE ?

D'une alliance d'amitié entre les États-Unis et la France nouée à la fin du XVIIIe siècle dans la participation française aux combats pour la liberté américaine il ne semble aujourd'hui rien rester. Au XXe siècle, les armées américaines ont contribué par deux fois massivement à la restauration de la liberté française. Malgré cet effort, ou peut-être plus secrètement à cause de lui, la France voit le plus souvent dans l'Amérique une figure repoussoir : le symbole d'une puissance économique qu'il s'agit de contester, le point de mire d'une politique étrangère qui voudrait la contourner, l'image d'une expérience de la démocratie qui la confirme dans le sentiment de son originalité. Dans le débat politique et intellectuel français de nos jours, la référence à l'Amérique est généralement stigmatisante. À gauche, elle a permis pendant plusieurs décennies de disqualifier quiconque contestait la singulière synthèse de marxisme et de jacobinisme en quoi le mouvement socialiste voulait oublier ses errances des guerres coloniales. À droite, elle contraint à la marginalité ceux qui cherchent une conception de la liberté individuelle et de la régulation économique alternative au modèle étatiste reconstruit par le gaullisme. À quoi s'ajoute que cette figure structure aussi les débats de société, qu'il s'agisse des formes d'organisation de la justice, ou surtout des manières d'aborder la conflictualité sociale, domaine dans lequel l'invocation d'un « multiculturalisme » prêté à l'Amérique et souvent mal défini permet d'éviter le questionnement du paradigme républicain. Notons enfin que le spectre américain a également traversé la discussion historiographique, dans la mesure où le trouble provoqué par les travaux d'un François Furet, par exemple, tenait sans doute en partie dans sa volonté d'inverser l'ordre d'interprétation de l'événement révolutionnaire français, en glissant de l'idée d'une aurore qui actualiserait ses promesses dans la révolution bolchevique vers celle d'une comparaison qui n'était pas toujours avantageuse avec la révolution américaine telle que l'avait comprise Tocqueville, du point de vue de l'avènement des sociétés modernes.

On peut penser que cette rivalité avec l'Amérique remonte aux origines de l'aventure politique française moderne : à la certitude qu'ont eue dès les premières heures les révolutionnaires de 1789 d'avoir à choisir entre un universel d'imitation de principes déjà reconnus ailleurs avant eux et l'affirmation d'une histoire inédite. La comparaison était présente à l'esprit des acteurs de la Révolution et elle déterminerait largement leur conscience de l'événement en train de se faire. Pour la presque totalité d'entre eux, la plus ancienne des révolutions modernes, celle d'Angleterre, ne pouvait offrir un modèle. Visant seulement à restaurer la promesse oubliée d'un ordre social trahi, renonçant à établir les principes d'une véritable nouveauté, puisque c'est la tradition qu'elle évoquait pour renverser la monarchie, elle demeurait par trop liée à cet univers « gothique » que dénonçaient les Lumières pour avoir des émules. Avec l'Amérique, en revanche, il pouvait y avoir un sentiment de proximité, nourri de souvenirs communs. Ils sont quelques-uns en effet qui ont participé à l'émancipation américaine : de grands soldats de la guerre d'Indépendance comme le comte Mathieu de Montmorency, le duc de La Rochefoucauld d'Anville, traducteur des *Constitutions des treize États d'Amérique* et surtout bien sûr La Fayette, « l'Américain », qui de manière fort symbolique sera le premier à présenter devant l'Assemblée un projet de

Déclaration des droits rédigé sous l'œil de Jefferson lui-même, auteur de la Déclaration d'indépendance et pour l'heure ambassadeur à Paris. Tout porte alors à considérer qu'une part essentielle de l'imaginaire de la Révolution française se construit dans cette discussion qu'impose en quelque sorte la référence américaine : celle qui concerne la Déclaration des droits et où s'opère un glissement de l'impression d'être précédé dans une œuvre universelle vers la volonté plus farouche de devenir les authentiques inventeurs de la liberté moderne.

Un bref examen de ce débat matriciel laisse apparaître que « non seulement le modèle américain est dans toutes les têtes, mais [que] c'est explicitement ou implicitement *par rapport à lui* que les Constituants français se posent et se pensent » [56, p. 686]. En premier lieu, ils sont quelques-uns à plaider l'imitation. Ainsi, à la suite de La Fayette, Mathieu de Montmorency invite l'Assemblée à suivre le « grand exemple donné par les États-Unis au nouvel hémisphère », même s'il suggère aux Français de le « perfectionner » en lui faisant parler « un langage plus pur » (1er août 1789)[2]. Dans la même perspective, Champion de Circé, archevêque de Bordeaux, parlant en l'occurrence au nom du Comité de constitution, justifie par les souvenirs et l'exemple le fait de transporter « cette noble idée, conçue dans un autre hémisphère » : « Nous avons concouru aux événements qui ont rendu à l'Amérique septentrionale sa liberté ; elle nous montre sur quels principes nous devons appuyer la conservation de la nôtre ; et c'est le Nouveau Monde, où nous n'avions autrefois apporté que des fers, qui nous apprend aujourd'hui à nous garantir du malheur d'en porter nous-mêmes » (25 juillet 1789). Plus tard dans la discussion, c'est Robespierre qui invoquera l'énergie des déclarations américaines, citant celles du Massachusetts puis de Virginie à propos de la liberté de la presse. Mais de manière significative, c'est du frère de Champion de Circé, évêque d'Auxerre quant à lui, que viennent les premiers doutes, étendus jusqu'à l'utilité d'une déclaration : « L'exemple de l'Amérique septentrionale n'est pas concluant, puisque cette contrée n'offre que des propriétaires, des cultivateurs, des citoyens égaux ; ainsi il faut d'abord commencer par établir des lois qui rapprochent les hommes avant de leur dire, indistinctement parmi nous, comme dans les États-Unis, *vous êtes égaux* » (1er août 1789).

Si cette défiance envers l'idée même d'une Déclaration au nom de la comparaison avec l'expérience sociale des États-Unis est destinée à être oubliée, la perspective qu'elle invoque va être retournée contre l'imitation du modèle, en faveur de l'innovation. Dès le 11 juillet en effet, Lally-Tollendal, le premier, a suggéré, en réponse à La Fayette, le caractère incommensurable des deux situations : « Je vous prie de songer combien la différence est énorme d'un peuple naissant qui s'annonce à l'univers, d'un peuple colonial qui rompt les liens d'un peuple éloigné, à un peuple antique, immense, l'un des premiers du monde, qui depuis quatorze cents ans s'est donné une forme de gouvernement, qui depuis huit siècles obéit à la même dynastie. » L'argument trouve sa forme décisive chez Malouet, au moment crucial où il s'agit, le 1er août, de décider définitivement de la présence d'une déclaration en tête de la future Constitution. La question de Malouet, hostile quant à lui à ce projet, est de savoir si l'on peut « convertir en acte législatif » ce qu'il nomme « l'exposé métaphysique » des Américains. Quant à sa réponse, elle fixe un cadre comparatif qui semble déjà installer l'une des clés de la future interprétation des deux révolutions chez Tocqueville : « Je sais que les Américains n'ont pas pris cette précaution ; ils ont pris l'homme au sein de la nature et le présentent à l'univers dans sa constitution primitive. Mais la société américaine, nouvellement formée, est composée, en totalité, de propriétaires déjà accoutumés à l'égalité, étrangers au luxe ainsi qu'à l'indigence, connaissant à peine le joug des impôts, des préjugés qui nous dominent, n'ayant trouvé sur la terre qu'ils cultivent aucune trace de féodalité. »

On peut dire avec Marcel Gauchet qu'une cause semble définitivement entendue : par sa Déclaration des droits déjà, la France devra « surpasser l'Amérique » [57, chap. 2]. L'un des porte-parole les plus éloquents d'une sorte de contrainte vers un surcroît d'universalité propre à la Révolution française est alors Rabaut Saint-Étienne. Une première fois le 18 août, il rapproche les deux expériences par la nécessité de « régénérer » la vie sociale et politique, insistant sur les similitudes en plaidant l'invention : « Vous avez adopté le parti de la déclaration des droits parce que vos cahiers vous imposent le devoir de la faire ; et vos cahiers vous en ont parlé parce que la France a eu pour exemple l'Amérique. Mais que l'on ne dise pas pour cela que notre déclaration doit être semblable. » Quant à ses propos du 23 août, dans la discussion sur la liberté des cultes, ils seront plus explicites encore : « Nation française, vous n'êtes pas faite pour recevoir l'exemple, mais pour le donner. » On trouverait de nombreuses illustrations de cette volonté affirmée, dans le feu de l'événement, de faire mieux que l'Amérique. Naïve, celle de l'abbé Brun de la Combe dans ses *Doutes sur les principes de M. l'abbé Sieyès concernant la Constitution nationale,* qui évoque l'idée d'une sorte de progrès naturel des choses, simplement inscrit dans la chronologie : « Puisque nous venons après les Anglo-Américains, nous devons tendre à nous donner une constitution plus parfaite que la leur ; nous devons les surpasser, comme ils ont surpassé les Anglais et comme les Anglais avaient surpassé les meilleurs modèles connus du temps de leur révolution » [cité in 57, p. 55]. Un an plus tard, l'objectif semble atteint mais la préoccupation demeure, lorsque le corps électoral de Paris rappelle dans son adresse de décembre 1790 à l'Assemblée la difficulté des obstacles qu'avait à vaincre la France, comme « un long amas de préjugés à détruire » ou « un long rempart de privilèges à démolir », ajoutant avec fierté que « si l'Amérique a devancé la France, la France a peut-être surpassé l'Amérique : l'une a eu la supériorité d'un grand exemple, et vous avez donné à l'autre la supériorité d'une législation plus accomplie » (*idem*).

Qu'en raison même du poids d'un passé qu'elle avait à surmonter la France révolutionnaire ait eu la nécessité de donner aux principes une clarté inédite, voilà qui devait pour longtemps marquer les consciences. Du côté anglo-saxon, ce motif divise rapidement le camp des anciens partisans de la révolution américaine. Deviennent ainsi adversaires face aux événements de Paris ceux qui étaient unis en 1776 : Burke, Price et Paine, considérant chacun que rien n'a changé de leurs arguments ou de leurs valeurs. Pour Burke, la légitimité de la révolution d'Amérique tient toujours dans sa filiation directe avec la « glorieuse Révolution » anglaise : défendant contre le Parlement de Londres ses propres principes, « elle s'appuie sur une longue expérience historique de la liberté, qui donne à ses revendications une signification *conservatrice* et non pas *subvertive.* » [124, p. 860]. D'où le schéma de sa critique de l'esprit « métaphysique » de la Révolution française, qui menace l'équilibre même de l'ordre social européen par l'affirmation d'une transcendance des droits de l'homme [125]. Lorsque Paine répond aux *Réflexions* de Burke par ses *Droits de l'homme,* il a lui aussi le sentiment que sa défense de la conception française est fidèle à l'interprétation radicale de la révolution américaine qu'il avait déposée dans son *Sens commun*. Si, à ses yeux, c'est de l'Amérique et avec La Fayette que les Français ont appris le goût de la liberté, en retour ils éclairent une ambiguïté américaine quant aux moyens d'accomplir cette dernière : le sens des droits est de donner aux peuples la possibilité de se défaire de leurs gouvernants et c'est en eux que réside désormais la souveraineté. Quant aux amis français de l'Amérique, ils pourront bientôt, dans la première moitié du XIXe siècle, se différencier des « anglophiles », en montrant que 1776 était moins à comprendre comme la continuation de la révolution anglaise que sous les traits de l'émergence d'un principe démocratique partagé avec la France. Mais, qu'ils se nomment Tocqueville ou Laboulaye, ils demeurent d'autant plus marginaux qu'ils dénoncent néanmoins l'excès des passions révolutionnaires françaises, soulignant au passage ce qu'elle doit secrètement à un héritage de l'absolutisme qui en force le cours et en déforme le sens. Il faut alors attendre le tout début du XXe siècle pour qu'un esprit aussi original que celui d'Élie Halévy tente une synthèse spéculative de l'héritage des révolutions et de leurs interprétations, en questionnant surtout les significations politiques et philosophiques du radicalisme [voir 17].

Quoi qu'il en soit de ces débats contemporains ou futurs, il semble acquis qu'une sorte de pli de la culture politique française est tracé dès l'aube de la Révolution. « Notre histoire n'est pas notre code », dira d'une formule magistrale Rabaut Saint-Étienne, résumant ainsi l'opposition d'une sagesse liée au temps et d'une volonté traduite par le droit, le désir de remplacer une identité héritée d'un passé désormais honni par celle que devra produire l'abstraction de la loi[3]. On trouverait comme un écho de ce programme dans un propos de son presque homonyme Rabaut-Pommier, qui évoque à l'automne 1792 « le code politique qui sera peut-être un jour celui de tous les peuples ». Souci d'une véritable rupture avec toute tradition et souhait d'offrir par là un modèle universel de la liberté, est-ce à dire que la Révolution française invente la figure de la table rase? Comme le montre François Furet, il existe en un sens quelque chose qui ressemble à un « ancien régime » anglais dans la conscience des révolutionnaires américains [53]. Pour un John Adams, par exemple, celui-ci tient au mélange de droit canon et de droit féodal qui caractérisait l'Angleterre médiévale, héritage contre lequel la révolution insulaire a lutté mais dont l'expérience américaine conteste plus radicalement les formes. Purifiée par le voyage, affranchie grâce aux conditions sociales inédites de toute contamination par l'esprit ancien, la liberté américaine offre donc une forme plus universelle que son original et la première expression historique d'une *tabula rasa*. Quant à Thomas Paine, il ajoutera à cet « ancien régime », fait de féodalité et d'Église catholique chez John Adams, la monarchie, pour une variante plus dure de la rupture, sur l'horizon cette fois de la démocratie. Il reste que, pour reprendre une expression de Hannah Arendt, le « trésor caché » de la révolution américaine tient au fait que l'imaginaire de la table rase peut s'y fondre dans les circonstances d'une histoire particulière, pour autant que la rupture de la fin du XVIIIe siècle apparaît seulement comme une séparation d'avec une patrie devenue marâtre, dans un geste qui simplement reproduit le récit fondateur du *Mayflower* encore présent dans toutes les mémoires, même s'il se tient à la frontière du mythe et de l'histoire.

C'est alors par contraste avec la manière exceptionnelle dont l'Amérique paraît pouvoir ajuster son histoire à l'idée d'une fondation conventionnelle des sociétés, selon le paradigme du contrat, que se comprennent la hantise française du passé et la certitude d'avoir à produire une rupture parfaite pour atteindre à l'universel. Préparée sans doute par la forme qu'avait prise en France la philosophie des Lumières, la conscience des révolutionnaires s'attache dès les débuts à la vision d'un passé tout entier rejeté dans les ténèbres du particulier et de l'irrationnel, pour une version cette fois radicale de la table rase. Ici, nul souvenir d'un ancien code de la liberté que l'on pourrait restaurer, pas la moindre trace d'une origine susceptible d'être retrouvée : seules l'abstraction de la raison et la puissance de la volonté sont à même de construire un édifice nouveau, qui ne peut s'élever que sur des ruines. Certains, bien sûr, les monarchiens, cherchent à plaider la redécouverte d'une tradition du royaume qui aurait été oubliée ou perdue. Mais a-t-elle jamais existé? Face à eux, la majorité des révolutionnaires installent déjà un paradoxe durable de l'expérience politique française moderne : puiser dans la vision unitaire d'une souveraineté produite par le travail de l'absolutisme le principe censé le défaire, au risque de conjuguer inlassablement le rejet solennel du passé avec une véritable obsession historique liée à la crainte de son retour. Dans l'immédiat, cette structure est la clé du glissement d'une rupture qui s'imagine un temps pouvoir demeurer dans des formes symboliques, juridiques et institutionnelles, vers celle qui voudra s'opérer au travers d'un travail sur le corps social et sera destinée à concrètement produire un homme nouveau. À plus long terme, elle explique un long XIXe siècle fait de cycles répétitifs d'affrontements sur la nature même du régime et les principes de la légitimité, dans une bataille concernant la souveraineté qui demeure vécue sous les catégories de l'ancien et du neuf, d'un passé toujours menaçant et d'un futur jamais atteint.

On trouverait le témoignage le plus extraordinaire de cette conscience d'une table rase vis-à-vis d'un passé définitivement rangé sous le concept d'Ancien Régime dans la manière dont la Révolution tire son premier bilan dès l'adresse aux Français lue le 11 février 1790 par Talleyrand : texte dans lequel la Constituante affirme avoir « tout détruit » et « tout reconstruit » [voir 50, p. 630]. Mais, si un tel propos confirme la différence entre les représentations de l'acte révolutionnaire de part et d'autre de l'Atlantique, il invite aussi à creuser plus avant ce qu'elle contient : deux modalités séparées de l'articulation entre l'idée des droits de l'homme et l'expérience politique. Selon une interprétation classique de Hannah Arendt, le propre des Américains est d'avoir inventé une forme originale de cette articulation, selon laquelle le corps politique est organisé avant que ne soient posés (par les amendements de la Constitution) les principes qui fixent une limite à l'exercice du pouvoir. Chez les Français, à l'inverse, c'est une figure destinée à de multiples réemplois dans l'histoire moderne qui s'impose : l'instauration sous les droits de l'homme d'un motif « pré-politique » qui vise les nécessités mêmes de l'existence sous la forme d'une « question sociale » [2, chap. 2]. Dans cette perspective, l'Ancien Régime se voit moins reprocher d'avoir privé ses sujets de la liberté et de la citoyenneté que d'être demeuré étranger aux droits de la vie et de la nature, en sorte que la Révolution française se soumettra très vite au joug de la nécessité : au risque de sacrifier l'autonomie individuelle et sa protection aux idéaux d'une égalité pensée par référence à des besoins vitaux. D'où cette clé de comparaison qui mêle en quelque sorte la méfiance de Burke vis-à-vis de l'abstraction des droits de l'homme aux remarques de Tocqueville sur la passion de l'égalité. D'un côté, il revient aux pères fondateurs de l'Amérique d'avoir tourné leur entreprise vers la fondation de la liberté et l'établissement d'institutions durables, tout en veillant à ce que les gouvernants ne puissent transgresser les prescriptions de la loi civile. De l'autre, l'orientation de la Révolution française fut rapidement déviée hors du chemin de la fondation par la vision de la souffrance et le sentiment de la pitié : elle visera bientôt moins à se libérer de la tyrannie que de la nécessité, laissant affirmer par ses dirigeants que tout est permis à qui poursuit une telle fin.

Car tel est à son tour, sans doute, le trait secret de la Révolution française : une sorte de fascination du pouvoir préférée à une réflexion sur sa nature et les conditions de son aménagement. Sur ce point, les Américains s'étaient voulus les fidèles disciples d'une prudence issue de Montesquieu. Affirmant avec Madison, par le singulier retournement d'un propos de Rousseau, que « si les hommes étaient des anges, il ne serait pas besoin de gouvernement », ils puisaient dans *L'esprit des lois* la rudesse pragmatique d'un moyen visant à pallier par la rivalité des intérêts « l'absence de sentiments meilleurs » : « opposer l'ambition à l'ambition » [*Federalist Papers*, n° LI]. En résulterait une division de la nation « en un si grand nombre de parties, d'intérêts et de classes de citoyens », que les droits des individus ou de la minorité ne pourraient être menacés. Ce principe d'une « république composée » serait bientôt conforté par la pratique d'un contrôle de constitutionnalité des lois. Mais il resterait opaque aux raisons de l'esprit cartésien et probablement étranger aux motivations profondes de la Révolution française. Pour cette dernière en effet, tout se passe très vite, comme si le pouvoir était moins tyrannique par sa nature ou ses abus qu'au travers de sa localisation et sous le visage de ses détenteurs. En ce sens, c'est dès les premiers temps et sous leur contrainte spécifique consistant à maintenir une place au roi tout en déplaçant le foyer de la légitimité que s'invente une chimère institutionnelle et philosophique : la greffe du concept de volonté générale venu du *Contrat social* sur un système représentatif qu'exécrait Rousseau. Comme le montre Marcel Gauchet, le triomphe du concept tient en cela qu'il préserve le roi « tout en offrant la version la plus radicale de l'engendrement d'une légitimité collective à partir des individus » [56, p. 689]. Traduction en acte d'une souveraineté de la nation qui était déliée de ses origines dans l'État absolutiste depuis le 17 juin 1789, la volonté générale impose la généralité requise pour un gouvernement qui doit être désormais impersonnel et l'on attend qu'elle se manifeste par le jeu de la représentation avant de s'exprimer dans la loi.

On sait le succès durable de cette improbable synthèse, puisque la plupart des constitutions républicaines de la France jusqu'à nos jours continuent de pratiquer le système représentatif en parlant le langage de Rousseau. Une dernière fois, il faut comprendre comment la Révolution est faite de ce que Gauchet nomme « ces conjonctions impures » et ces « emboîtements efficaces », ne serait-ce que pour vider de vieilles querelles sur l'emprunt et l'innovation, telle celle qui opposait Boutmy et Jellinek au début du siècle, sur fond d'affrontement nationaliste. Mais si l'on peut conclure à propos de la première phase des événements français à un « rousseauisme d'opportunité fonctionnelle » qui tranche le débat en montrant que les constituants sont tout à la fois guidés par l'exemple américain et dominés par la langue du *Contrat*, il faut aussi souligner le fait qu'ils ouvrent peut-être par cette référence une boîte de Pandore. L'une des idées rectrices de la conscience révolutionnaire des premiers temps était celle d'une nécessité de régénérer la monarchie, figure tellement commune à l'époque d'ailleurs que Louis XVI lui-même parlait de « régénération du royaume » dans la lettre adressée aux trois ordres pour les presser d'achever la vérification de leurs pouvoirs [voir 116, p. 821]. Il reste que bientôt ce motif deviendrait l'objet d'une dérive qui n'est sans doute pas étrangère à Rousseau et que l'on peut esquisser d'une formule : de la régénération du corps social et politique à la génération d'un homme nouveau. C'est alors ce glissement qui révèle le mieux les conséquences des options choisies face à l'Amérique quant à l'interprétation du pouvoir, sur fond bien sûr de la différence très tôt perçue entre la possibilité de dénouer un lien politique relativement lâche tout en conservant une partie de son héritage et le sentiment d'avoir à éradiquer sans réserves toute trace d'un passé définitivement obscur. Entre la régénération des cadres de l'expérience collective et la promesse quasi religieuse de façonner une figure inédite de l'homme, la Révolution française a livré ses deux visages, dans ses deux moments. L'une de ses orientations était, selon Mona Ozouf, « désinvolte et spontanée » ;

l'autre sera coercitive et dirigiste, « habitée par la peur panique de l'accident qui déferait son homme nouveau » [118, p. 145]. L'une s'attachait à déchiffrer l'avenir en respectant sa part d'indétermination, l'autre voudra le maîtriser dans la hantise d'un retour du passé. Il n'est pas certain que cette oscillation ait complètement disparu de l'imaginaire politique français, même longtemps après l'invention de la forme institutionnelle qui semble l'avoir apprivoisée.

Si l'on creuse encore un peu la comparaison des expériences propres à l'Amérique et à la France, pour la conduire à grandes enjambées par-delà la scène des commencements, le contraste le plus frappant est bien entendu celui qui oppose la stabilité des institutions du Nouveau Monde à la longue dialectique française des régimes. Un puissant correctif devrait toutefois être apporté à la première de ces images, par la considération du fait qu'une guerre civile est en quelque sorte nécessaire pour supprimer la contradiction des origines entre le principe des droits et la réalité de l'esclavage. Mais aussitôt, pourtant, la survie du système à cette cruelle épreuve ne fait en un sens que renforcer l'énigme d'une permanence institutionnelle dont il faut tenter de saisir le secret. Le mystère attaché à ce phénomène est d'autant plus épais que l'on oublie souvent la manière dont les Américains avaient à affronter trois conflits, dont deux au moins étaient inconnus des Français. Le premier tenait à la nature même de leur jeune histoire et résidait dans l'opposition entre deux imaginaires : celui des pèlerins directement inspirés par ce que Michael Walzer nomme *La révolution des saints* [166] ; puis celui des pères fondateurs eux-mêmes, nourris des Lumières européennes. À l'encontre de la façon dont Louis Hartz veut voir dans la réforme politique préparée par les constituants de Philadelphie le « produit final d'une chaîne d'expériences remontant au *May-flower Compact* » [67, p. 49], tout porte en effet à penser que ces imaginaires s'opposaient, ainsi que les programmes politiques qui s'y attachent : l'un puisait à la vision d'une « nouvelle Jérusalem » fondée en Nouvelle-Angleterre le rêve d'une société conforme au modèle religieux du puritanisme ; l'autre participait des projets de la réforme politique au XVIIIe siècle et conduirait finalement à la fondation d'une république « placée sous le contrôle ultime d'une autorité laïque » [90, p. 153]. À quoi s'ajoutaient les conflits plus directement politiques sur la nature même du régime et la forme de la nation : un puissant antagonisme entre fédéralistes et antifédéralistes, le débat concernant les modalités de la représentation ou la place susceptible d'être accordée à la participation populaire, puis les discussions sur le rôle du pouvoir exécutif. Restait enfin un conflit plus spécifique encore à la société américaine, limité sans doute à l'époque des fondateurs, mais qui occuperait bientôt et jusqu'à aujourd'hui le devant de la scène : celui qui touche à la diversité des origines d'une population de plus en plus hétérogène.

Il serait vain de vouloir résumer en quelques mots les formes, même très générales, de résolution apportées à ces conflits, avec leurs zones d'ombres et les leçons qu'elles contiennent aussi. Au lecteur familier des débats propres aux deux premières années de la Révolution française, l'examen des pièces de la Convention fédérale de 1787 [44; 88] et plus généralement de l'époque fondatrice de la république américaine donne un sentiment de proximité et d'étrangeté. Pour une part, en effet, ces deux expériences participent d'une même ambiance d'invention de la démocratie moderne, où se mêlent réminiscences antiques et sentiment de l'inédit, désir d'appliquer des formules auparavant forgées par le travail de la pensée et certitude de déchiffrer une réalité qui ne s'y laisse pas enfermer. Il reste cependant que la discussion américaine semble mieux maîtriser son orientation, comme par le fait de considérer qu'est acquise, en dépit des désaccords, la volonté de trouver une solution au conflit par l'aménagement des formes de la politique : ce qui lui confère souvent l'allure d'une sorte de vaste séminaire public de droit institutionnel. On aurait cependant tort de considérer que cet aspect relativement formel du débat constituant américain tient à l'absence de toute passion idéologique. En rassemblant la multitude des documents publiés aux alentours de la Déclaration d'indépendance, Bernard Bailyn a montré la puissance de cette passion et sa singularité : sa manière de puiser à des sources hétérogènes, antiques et modernes, religieuses et athées ; mais sa focalisation aussi sur quelques thématiques récurrentes qui touchent aux problèmes de la corruption des gouvernements et à la tyrannie, aux questions de la richesse et des vertus civiques, ou même à l'idée d'un complot contre la liberté américaine [6]. Gordon Wood, pour sa part, offre une hypothèse sur le destin de cette idéologie, d'autant plus séduisante qu'elle dégage une perspective comparative sans doute féconde avec la France : celle d'un apprentissage d'un peu plus de dix ans par lequel, entre 1776 et 1787, la société américaine aurait effectué un travail réflexif sur son idéologie, pour l'adapter aux contraintes du réel et lui faire traverser l'épreuve de la controverse, jusqu'à élaborer la formule d'une solution qui vise l'adaptation des idées aux exigences contradictoires de la société, plutôt que de rêver d'une société sans contradictions, conforme à l'idéal [168].

À la suite de Claude Lefort, on peut alors préciser la manière dont la thèse de Gordon Wood contribue à éclairer les cours divergents des révolutions américaine et française, dans le contexte de l'invention démocratique moderne. Des analyses de *La création de la république américaine*, le philosophe français retient en effet que le secret de cette expérience tient moins dans le fait d'installer les formes d'une liberté négative tout entière vouée à l'éloignement des spectres de la tyrannie qu'à la réalisation d'une « désincorporation du gouvernement » (G. Wood), qui fait sens sur l'horizon même de la politique moderne, à savoir la « désintrication du pouvoir, de la loi et de la connaissance des fins dernières de la société » [94, p. 27]. Autrement dit, le caractère exceptionnel de la révolution américaine résiderait en cela qu'elle parvient à instaurer dans un temps extraordinairement bref et avec une vigueur inégalée ce que cherchent les sociétés modernes : « un ensemble d'institutions régi par le principe que le pouvoir ne doit s'actualiser nulle part, que personne, aucun groupe ne peut feindre d'en occuper le lieu et vouloir s'approprier son exercice ». *A contrario* et dans le sillage de l'interprétation d'Hannah Arendt déjà évoquée, c'est sans doute en produisant une imbrication durable des questions politiques et des problèmes sociaux que la Révolution française a légué une redoutable incertitude sur la nature de la démocratie, liée aux effets convergents d'une méfiance envers le droit et de la fascination pour l'image d'un pouvoir incarné, organiquement lié à la société et prémuni contre tout questionnement en termes de légitimité, si tant est qu'il parvienne à se figurer comme celui du peuple sur lui-même.

Il reste cependant un dernier mystère de l'expérience américaine, lié cette fois à la fabrication d'une nation à partir de populations hétérogènes et d'origines diverses. De la solution voulue à ce problème on connaît la formule : *E pluribus unum*. L'histoire de son usage est à elle seule significative. Sa première apparition date en effet des lendemains de la Déclaration d'indépendance, d'un projet d'armes pour les États-Unis où elle devait s'inscrire dans un blason rappelant les six peuples fondateurs et porté par les allégories de la liberté et de la justice, comme pour figurer ce que dira Crèvecœur de ce pays dans ses *Lettres d'un cultivateur américain* : « *Here individuals are melted into a new race of men* » [92, p. 88]. Six ans plus tard, le Congrès fédéral préférera pour le

Grand Sceau les treize bandes verticales symbolisant les États de l'Union au rappel des six origines, mais la formule demeurera, pour se résumer bientôt dans un terme que n'aurait sans doute pas renié Virgile, son inventeur, celui de *melting-pot*. C'est pourtant autour de cette innocente métaphore culinaire que se focaliseront des batailles qui nous reconduisent aux débats contemporains.

Dans la fièvre de ces derniers, deux choses sont souvent oubliées. Le fait tout d'abord que la question du multiculturalisme n'est pas nouvelle aux États-Unis, mais remonte aux premières années de ce siècle : dans un moment où se mêlent une réflexion sur l'évolution de l'immigration américaine et quelques composantes de la culture philosophique anglo-saxonne, autour de la doctrine pluraliste héritée de John Stuart Mill et du pragmatisme de William James [74; 169]. À quoi s'ajoute que l'apparition de la thématique du « pluralisme culturel » est directement liée à la perspective d'une défense des communautés immigrées dans un contexte nouveau, né de la rencontre de plusieurs phénomènes convergents : la doctrine « nativiste » apparue à la fin du XIXe siècle dans le sillage du darwinisme social, les campagnes d'américanisation des années 1910, puis l'ambiance franchement xénophobe de celles qui suivent, symbolisée par la renaissance en 1915 d'un Ku Klux Klan brièvement apparu au lendemain de la guerre de Sécession. Comme le montre Denis Lacorne, nombre des malentendus à venir sont en germes dans le rôle joué à l'époque par Horace Kallen, véritable père du multiculturalisme [92, chap. 7 ; 146, p. 260-261]. À ceux qui pensent en effet que la problématique est récente et directement issue du mouvement pour les droits civiques des années 1960, il rappelle comment la philosophie pluraliste de cet élève de William James esquissait dès les années 1920 quelques thèmes essentiels : le caractère fictif du modèle prôné par les partisans du « type américain » et le mythe que constitue le « miracle de l'assimilation » ; le souhait de retrouver l'idéal d'égalité inscrit dans la Déclaration d'indépendance ; la vision enfin d'une sorte d'harmonie produite par la rencontre de cultures respectées dans leurs singularités. L'ironie de cette histoire tient cependant en cela que les théoriciens actuels d'un multiculturalisme utilisé comme arme de guerre contre les racines occidentales d'une « culture blanche hégémonique » oublient leur dette envers un fondateur parfaitement représentatif de ce qu'ils dénoncent : un immigré allemand débarqué aux États-Unis en 1905, nourri de culture juive et destiné par son père rabbin orthodoxe à lui succéder, universitaire brillant dont la carrière passera par Harvard, Princeton et la New School for Social Research de New York.

Qu'il ait une visée purement théorique ou parfois une finalité plus pratique, le débat français sur le multiculturalisme américain est souvent biaisé par l'unique référence aux abondantes caricatures que donne ce dernier de lui-même. Face à quelques exemples de programmes d'un « multiculturalisme civique » qui recommande une formation scolaire graduelle aux principes de la Constitution, aux droits civiques et aux valeurs d'un pluralisme ethnoculturel, on cite volontiers l'effet pervers des surenchères et le fantasme d'une véritable science multiculturelle. À titre d'illustration versée au dossier par Denis Lacorne, un professeur « progressiste » de l'université de Los Angeles chargé de défendre un manuel qui s'arrêtait à la fin du XIXe siècle se vit reprocher d'insupportables omissions qui attestaient d'un projet raciste (celles de Martin Luther King et de Malcolm X!), avant que ne s'ajoutent aux attaques des *African Americans*, celles des *Asian Americans* et quelques autres, jusqu'à ce que d'ailleurs le livre soit retiré au profit de celui qui était utilisé dans les années 1960, avec ses considérations quant à elles franchement racistes... D'une autre manière, un groupe d'universitaires et de professeurs de lycée ont proposé une reconstruction « multiculturelle » de l'histoire des sciences, visant à corriger ses préjugés européistes et sexistes, en montrant que les Sioux avaient imaginé le modèle atomique de Niels Bohr en représentant la nature comme un cercle, qu'Aristote avait volé sa philosophie aux Égyptiens, tout comme les Grecs ont puisé les règles de la sculpture en Afrique, tandis qu'il ne faudrait retenir des inventeurs européens que le nom de cinq hommes, trois femmes et un handicapé, mais ni Copernic et Kepler, Galilée ou Newton, Pasteur ou Einstein.

L'une des questions que pose cette dérive du multiculturalisme est bien sûr de savoir quelle est sa capacité d'imprégnation du milieu le plus directement concerné, celui des universités. Certains observateurs du phénomène n'hésitent pas à tenir des propos d'autant plus alarmistes qu'ils visent la puissance de dissémination des mœurs américaines dans la culture occidentale, prédisant pour bientôt sa généralisation sous d'autres cieux [10 ; 34 ; 35]. D'autres au contraire tendent à nuancer le diagnostic quant à l'emprise des thèses les plus extrémistes et dessinent une scène intellectuelle américaine aux formes plus sereines [45 ; 91]. Le problème essentiel est peut-être de savoir si la focalisation sur les expressions outrancières et caricaturales du multiculturalisme et de la *political correctness* ne dissimule pas un refus d'examiner, à la manière de Tocqueville en son temps, un traitement original par les Américains des différences culturelles, sociales et ethniques. En ce sens, pendant que la France voyait s'affronter « républicains » et « démocrates » dans un débat souvent abstrait et qui dissimulait mal ses allures nostalgiques d'une époque plus glorieuse où les combats se menaient au nom de la lutte des classes et de la révolution, l'Amérique tentait d'expérimenter quelques solutions pragmatiques aux inégalités d'accès à l'emploi ou à l'université. Puis, lorsqu'elle s'éveille quinze ans plus tard alors qu'un gouvernement propose d'instaurer la parité entre hommes et femmes, elle n'a toujours pour référence de son débat que sa république, valeur qui figure d'autant mieux un refuge qu'elle est sans doute de plus en plus solitaire.

Deux exemples devraient suffire pour illustrer cette difficulté française à affronter le risque de la confrontation avec des expériences étrangères, comme si la conviction de posséder l'universel ne se défendait jamais mieux qu'en s'autoproclamant dans les épreuves ou les controverses. Le premier concerne une approche américaine des inégalités par les techniques des quotas ou du traitement préférentiel, résumée en une formule qui rôde comme un spectre dans les discussions françaises : *affirmative action*. L'histoire de cette notion et des pratiques qui en découlent demeure étroitement liée à un paradoxe du XIVe amendement. Adopté en 1866 pour mettre fin à la guerre de Sécession, ce dernier offrait une sorte de rappel solennel du code des origines, dont il précisait l'esprit : « Toute personne née ou naturalisée aux États-Unis et sujette à leur juridiction est citoyen des États-Unis et de l'État dans lequel il réside. Aucun État ne pourra adopter ou appliquer une loi qui limiterait les privilèges ou immunités des citoyens des États-Unis; aucun État ne pourra priver une personne de sa vie, de sa liberté ou de ses biens sans procédure légale régulière ni refuser à quiconque relève de sa juridiction la protection égale des droits. » Le paradoxe est que si le Congrès invente ainsi le principe de l'*equal protection of law*, la Cour suprême en limite aussitôt la portée par deux décisions : le *Slaughter house case* de 1873, qui réaffirme une ancienne jurisprudence réservant aux États la possibilité d'interpréter à leur gré les libertés fondamentales; puis sa réponse à l'affaire *Plessy v. Ferguson* de 1896, qui promeut une doctrine du *separate but equal* au terme de laquelle le traitement séparé des Noirs n'est pas incompatible avec le principe d'égalité [voir 16].

Si l'on sait qu'il faut attendre plus d'un demi-siècle pour que cette jurisprudence soit renversée par la décision *Brown v. Board of Education* de 1955, bientôt confirmée par le *civil rights Act* de 1964, un élément singulier de cette évolution mérite d'être souligné. En un sens, en effet, le principe qui sera finalement adopté au milieu du XXe siècle était en germe dans cette opinion dissidente du juge Harland pour la décision de 1896 : « Selon la Constitution et aux yeux du droit, il n'y a dans ce pays aucune classe de citoyens qui soit supérieure ou dominante. Il n'y a pas de castes ici. Notre Constitution est aveugle à la couleur [*colorblind*]. » Mais il faut noter que dans cette formule matricielle, le juge Harland évoque en quelque sorte une conception française, une vision républicaine de la nation : la juxtaposition d'individus qui sont comme arrachés à leurs origines ou leurs appartenances par la politique. Plus encore, on retrouverait jusqu'à aujourd'hui la trace de ce modèle « français » chez des adversaires américains de l'*affirmative action*, dans une opinion par exemple du juge Scalia lors de l'affaire *Adaram v. Pena* de 1995 qui non seulement récuse la conception ethnique de la nation au nom de sa dimension civique, mais considère que tout traitement préférentiel relève finalement de « cette façon de penser qui produit l'esclavage, le privilège racial et la haine raciale » [cité in 92, p. 316]. Il reste cependant qu'avant d'être remise en cause depuis quelques années, c'est bien la technique de l'*affirmative action* qui s'est imposée durant les dernières décennies, pour viser un égal accès à l'université, au logement ou à l'emploi. C'est alors à l'opinion du juge Blackmun dans *Regent of the University of California v. Bakke* que l'on peut attribuer l'une des meilleures formulations de son principe, délibérément paradoxal : « Pour dépasser le racisme, nous devons d'abord tenir compte de la race. Il n'y a pas d'autre solution [...]. L'égalité de traitement de certains individus exige qu'ils soient d'abord traités de manières différentes[4]. »

En remplaçant le terme de race banalisé dans la discussion américaine sur ces questions par celui de sexe, on aurait à tout prendre avec cette proposition une excellente clé d'entrée dans le débat français sur la parité entre hommes et femmes. Autrement dit, on pourrait s'attendre à ce qu'une perspective de cet ordre soit le terrain d'une réflexion comparative, ou même l'occasion d'acclimater en France les positions issues du courant de la philosophie du droit américaine qui vise à justifier les principes de l'*affirmative action* [voir 42 et 43; 18]. Or, pour l'essentiel, la controverse à ce propos demeure hexagonale, telle une glose sur les principes et le contenu du modèle républicain. Au regard du droit français, la difficulté du législateur tient au fait que le Conseil constitutionnel a par deux fois, et s'agissant de questions très différentes, mis en exergue la manière dont l'article 2 de la Constitution vise « tous les citoyens français sans distinction d'origine, de race ou de religion », pour réaffirmer l'idée d'une république « une et indivisible », par la formule selon laquelle le peuple est « une catégorie insusceptible de toute subdivision ». Peu importe alors que l'une des occurrences de cette formule intervienne dans une décision qui refuse précisément l'instauration de quotas féminins pour l'élection des conseillers municipaux (n° 82-146 du 18 novembre 1982), tandis que l'autre consacre le caractère inacceptable de la notion de « peuple corse » dans un tout autre contexte (n° 91-290 du 9 mai 1991) : l'essentiel est qu'elle parvienne à focaliser une grande part de la discussion, largement imperméable aux emprunts possibles à d'autres univers juridiques.

À titre d'illustration sur ce débat, Blandine Kriegel montre comment, en censurant une proposition selon laquelle « les listes de candidats ne peuvent comporter plus de 75 % de personnes de même sexe », le Conseil constitutionnel mobilisait quelques éléments caractéristiques de la culture républicaine, tout en écartant ce qui aurait pu la faire évoluer de l'intérieur [87]. Ainsi, en assimilant les femmes à une « section du peuple », pour rappeler qu'aucune figure de cet ordre ne pourrait s'attribuer l'exercice de la souveraineté nationale, le Conseil restait fidèle à l'imaginaire rousseauiste de la critique des corps intermédiaires défendus par Montesquieu. En outre, il est significatif que dans cette décision, comme dans toute sa jurisprudence concernant le principe d'égalité, le Conseil constitutionnel n'ait jamais visé l'article premier de la Déclaration des droits de l'homme de 1789 : « Les hommes naissent et demeurent libres et égaux en droits, les distinctions sociales ne peuvent être fondées que sur l'utilité commune. » Mais en évoquant à son tour cette formule délaissée, Blandine Kriegel montre qu'elle inscrit son raisonnement dans les strictes limites de la doctrine républicaine, juste corrigée de quelques références au droit communautaire européen. Pour subtil qu'il soit en effet, son argument en faveur d'une parité qui ne serait pas contraire aux principes républicains prend la précaution d'écarter allusivement le spectre américain. D'un côté, il demeure acquis qu'une revendication de discrimination positive en faveur des femmes au nom de la citoyenneté mettrait en péril l'égalité républicaine, tout en invitant au

« communautarisme » si d'aventure d'autres groupes confessionnels, sociaux ou ethniques s'avisaient de réclamer un traitement similaire. Reste que tout change si le discours échange les droits du citoyen contre les droits de l'homme. Du point de vue de ces derniers, en effet, la femme n'est ni une catégorie physique ni une classe sociale, échappant ainsi à la terrible notion de « section du peuple ». Mieux même, la revendication paritaire cesse alors de s'opposer, en tant que demande de reconnaissance d'une particularité, au principe d'égalité et devient l'expression d'un souhait d'application des droits de l'homme, qui commence par l'égalité des femmes... Contre les lenteurs françaises et « la ruse de la raison qui conduit toujours la France à adopter des solutions de droit politique plus radicales que celles des pays voisins », mais au sein même d'un modèle républicain questionné de l'intérieur, la parité est ainsi sauvée, sans le spectre qui la hante.

« La parité : le mot sent la poudre », disait Jean Rivero voilà un demi-siècle [137]. Comme en écho à cette prophétie, Évelyne Pisier redessine alors le paysage de la bataille : « Même lorsque l'on ne parle que de simple "correctif" de la démocratie et non de rupture, la revendication paritaire suppose une critique radicale de l'universalisme républicain » [122, p. 388]. C'est ici la nature elle-même qui est convoquée au banc des témoins d'une discussion quittant le strict terrain juridique pour creuser les attendus philosophiques d'un tel universalisme. Dans le camp « paritariste », en effet, on oppose à la passion d'unité de la République la réalité du multiple et des différences qui font la vie, « parce qu'il faut être deux, un homme et une femme, pour assurer la survie de l'humain ». Plus encore, non seulement la République ne reculerait pas en singularisant le féminin, mais elle ferait un grand bond théorique en avant si elle acceptait de fonder les droits dans la nature, pour reconduire les principes de la cité vers les déterminants essentiels de la vie humaine. Mais une question surgit aussitôt : quelle est la nature de cette nature duelle, qui érige en coupure quasi ontologique la différence sexuelle ? Au mieux purement utilitariste, au pire franchement substantialiste, l'argument se retourne : « en séparant la cité en deux genres, la parité non seulement arrime les femmes à leur nature féminine mais occulte le pluralisme démocratique et fait perdre tout sens aux alternatives politiques » (*idem*). En d'autres termes, parce qu'elle veut « renaturer » le politique, la parité risque de le « dénaturer » et mieux vaut revenir au principe de l'universalisme juridique, puis à la prudence dans son application. L'un veut que l'essence même de la République soit d'arracher les individus à leurs particularités pour en faire des citoyens, sans qu'aucune « fraction du peuple » ne puisse s'arroger le droit de les représenter. Quant à l'autre, elle suggère qu'aucune liberté ne s'acquiert en un jour et que seul l'universalisme assure progressivement l'élargissement de la citoyenneté effective.

Un second exemple permettrait de préciser combien la France est rétive à méditer les leçons de l'expérience américaine : celui du rapport à la question des appartenances religieuses et de leur manifestation. Dans la mesure où l'analyse du modèle français de laïcité sera bientôt l'objet d'un développement spécifique, on peut se contenter avant de quitter l'Amérique de simplement indiquer la position en miroir des deux cultures face à ce problème. S'il est quelque pertinence à l'opposition récurrente entre un modèle assimilationniste français et le « multiculturalisme » américain, le soubassement du premier tient sans doute dans une formule célèbre de Clermont-Tonnerre à l'Assemblée nationale, le 23 décembre 1789. À l'occasion d'une dénonciation des discriminations subies par les Juifs et les protestants, ce dernier dépose en effet le principe même de l'intégration tel qu'il perdure jusqu'à aujourd'hui : « Il faut refuser tout aux Juifs comme nation, et accorder tout aux juifs comme individus. » Plus précisément encore, et tandis que cette proposition ne saura empêcher ni les terribles mots de l'abbé Maury sur « les sueurs des esclaves chrétiens » qui arrosent en Pologne « l'opulence des Juifs » ni ceux de l'évêque de Nancy au sujet de l'impossibilité d'« admettre dans la famille une tribu qui lui est étrangère », on trouverait dans la suite de son propos la clé d'une conception de la représentation politique qui s'imposait tout à l'heure dans la discussion sur la parité et qui se retrouvera bientôt dans celles qui concernent les différences religieuses ou culturelles : « Il faut qu'ils ne fassent dans l'État ni un corps politique ni un ordre ; il faut qu'ils soient individuellement citoyens. » L'ironie de l'histoire française à ce sujet tient au fait que si la très grande majorité des Juifs et des protestants visés dans la formulation de ce principe devaient effectivement y reconnaître le moyen de leur admission au sein de la nation, il faudrait plus d'un siècle d'âpres batailles pour qu'il s'impose vis-à-vis de l'opinion religieuse dominante, dans un combat souvent frontal entre la République et l'Église. Quant aux affrontements récents autour de symboles d'une appartenance religieuse imprévue, ils confirmeront la prégnance du modèle, tout en dévoilant peut-être sa fragilité ou ses présupposés tacites.

Face à ce que la formule de Clermont-Tonnerre exprime toutefois d'une méfiance originelle vis-à-vis de toute idée d'identité culturelle ou religieuse, force est de constater le contraste avec l'imaginaire américain. Il serait bien sûr vain de nier que les États-Unis ont connu leur hantise du mélange ou même leurs conflits de nature religieuse. De la première telle qu'elle pouvait s'exprimer au début de ce siècle, on trouverait une trace dans ce propos d'un lointain et en l'espèce pâle disciple de Tocqueville : « Avec une inondation cinquantenaire, aujourd'hui colmatée mais non résorbée, de Slavo-Latins catholiques et de Juifs d'Orient, peut-on espérer maintenir dans leur intégrité l'esprit protestant et la civilisation d'essence britannique qui, aux XVIIe et XVIIIe siècles, ont formé la personnalité morale et politique des États-Unis ? » [149, p. 9]. D'une autre manière et à défaut de foulard, les Américains ont vécu récemment leur affaire de kippa, à l'occasion en l'espèce d'une décision de la Cour suprême de 1986 refusant à un officier le port de ce signe extérieur d'appartenance, au motif que les « préférences personnelles » et les « identités » doivent s'effacer pour que soit assurée la « mission générale du groupe » (*Goldman v. Weinberger*). Il reste cependant que, des origines à aujourd'hui, la pente de la société américaine semble bien celle de la tolérance, qui cimente sans doute l'unité proclamée dans le *E pluribus unum* du Grand Sceau ou le *We the people of the United States* ouvrant la Constitution : au point qu'il ne serait pas absurde de suggérer que « l'Amérique des "communautés juxtaposées" est d'une certaine façon plus laïque et républicaine que la France dite laïque, universaliste et républicaine » [92, p. 38].

En un sens, bien sûr, la coexistence et le respect mutuel entre groupes religieux souvent désignés sous le terme de sectes était la condition *sine qua non* de l'existence même d'une nation américaine. Autochtones et voyageurs ont souligné à l'envi la multitude de ces appartenances, souvent plus significatives à leurs yeux que les origines nationales. Ainsi des *Lettres d'un cultivateur américain*, où John Crèvecœur se plaît à dessiner un paysage peuplé de tous les rameaux imaginables d'un christianisme aux nuances infinies : ici, un catholique qui sait son catéchisme et prône la transsubstantiation ; à quelques miles à peine, un Allemand luthérien qui prie le même Dieu, mais croit pour sa part à la consubstantiation ; puis la maison d'un Sécider, sectaire écossais solitaire qui pourrait pourtant controverser tranquillement avec un quaker... Quant à Tocqueville, étonné lui aussi de la vitalité religieuse et de la prolifération des chapelles au sein de la société américaine, il met en évidence deux phénomènes : une communauté de vision en dépit de cette division ; puis le fait d'une sorte de séparation spontanée des ordres qui veut que si le prêtre règne dans le monde de la religion, il prend soin de n'en pas sortir, en sorte qu'au-dehors « il livre les hommes à eux-mêmes et les abandonne à l'indépendance et l'instabilité qui sont propres à leur nature et au temps » [159, p. 538]. On peut toutefois imaginer que ce n'est pas sans une arrière-pensée française que Tocqueville note aussitôt ce qui lui apparaît comme un paradoxe : « L'Amérique est la contrée la plus démocratique de la terre, et c'est en même temps le pays où [...] la religion catholique fait le plus de progrès. »

Si l'Amérique était en quelque sorte contrainte par les conditions de sa naissance à l'accueil d'une pluralité religieuse, ce contexte ne peut expliquer à lui seul ni le principe de tolérance qui paraît régir sa vie publique ni surtout le fait qu'elle ignore une conception philosophique et politique de la laïcité qui semble requérir en France que la liberté passe par l'arrachement aux opinions religieuses. Du premier de ces points de vue, il faut corriger l'image polémique selon laquelle la France serait l'unique modèle républicain grâce à sa loi de séparation, tandis qu'au motif qu'il est inscrit *In God We Trust* sur les billets de banque, l'État devrait en Amérique « s'effacer devant les Églises » [31, p. 23]. À y regarder de près, en effet, c'est une interprétation laïque qui a été donnée très tôt à la formule du *bill of rights* selon laquelle « le Congrès ne fera aucune loi qui touche l'établissement ou interdise le libre exercice d'une religion », puisque Jefferson écrit dès 1802 qu'elle doit s'entendre comme « construisant un mur de séparation entre l'Église et l'État », formule souvent reprise par les décisions de la Cour suprême sur la prière dans les écoles publiques ou les aides aux établissements confessionnels [92, p. 79]. L'opposition réelle réside sans doute en cela que d'un côté de l'Atlantique c'est la liberté religieuse qui est première, en sorte que la séparation en découle, tandis que de l'autre et dans un imaginaire de combat contre l'obscurantisme, l'horizon est celui d'une émancipation vis-à-vis des croyances, tout juste mâtinée de libéralité à l'égard des opinions « même religieuses ». En ce sens, ce n'est pas une différence politique sur le degré d'autonomie de l'État qui sépare l'Amérique de la France, mais l'existence de deux modèles étrangers l'un à l'autre du rapport des sociétés modernes à l'expérience religieuse.

La culture américaine à ce sujet est à l'évidence bâtie sur le sol de la philosophie anglaise du XVIIᵉ siècle et plus précisément la *Lettre sur la tolérance* de John Locke (1686). La chose importante est alors que Locke connaît parfaitement, au travers de l'histoire de l'Angleterre, la menace que peut faire peser sur l'ordre public la manifestation conflictuelle des opinions religieuses, mais qu'il s'attache à définir la priorité entre la liberté qui les protège et l'autorité d'une puissance étatique susceptible de les encadrer. À ses yeux, c'est parce que la fin du gouvernement est la conservation de la société politique que sa légitimité s'arrête au seuil de projets individuels qui ne relèvent pas de cette dimension. Comme le souligne l'un des meilleurs connaisseurs de sa pensée, « le fait que le gouvernement n'ait pas d'autorité intrinsèque sur les croyances et confessions religieuses ne se réduit pas à une donnée sociologique contingente [mais relève] bien plutôt d'une dimension nécessaire de l'engagement religieux individuel » [40, p. 43]. Autrement dit, le fond de l'argument de Locke en faveur de la tolérance est bien que la religion est une donnée constitutive de l'expérience humaine, tandis que le principe qui impose la liberté de croyance et de culte dans l'espace public découle précisément de celui qui doit régir la sphère religieuse elle-même : la nécessaire autonomie de jugement de l'individu. Notons au passage pour y revenir que c'est cette étroite imbrication entre la détermination d'un statut civil de la religion et une réflexion sur la nature de l'opinion religieuse dans son ordre propre qui marque une différence de culture essentielle entre la France et l'Amérique, sur fond sans doute d'intériorisations divergentes du souvenir des guerres de religion et d'oppositions dogmatiques entre traditions catholique et protestante.

Que la liberté de croyance et de manifestation des opinions religieuses soit une composante première de l'autonomie individuelle, voilà ce que retenaient de Locke les pères fondateurs, au moment où ils avaient à organiser une société fortement empreinte de religion mais divisée en une multitude d'obédiences. Traduisant dans une langue réaliste et presque cynique le raisonnement de Locke, Jefferson pouvait alors rappeler son principe de la manière suivante, dans ses *Notes sur l'État de Virginie* de 1785 : « Le gouvernement n'a d'autorité légitime qu'en ce qui concerne les actes qui portent atteinte à autrui. Mais mon voisin ne me gêne nullement s'il affirme qu'il y a vingt dieux ou aucun Dieu du tout. Cela ne me vide pas les poches ni ne me casse la jambe » [77, p. 285]. Plus subtil sans doute sur ce point, Madison pour sa part imputait directement au fait que la religion est fondamentalement un acte « de raison et de conviction » la possibilité d'une liberté de ne pas croire qui renforce en quelque sorte la dimension de « droit naturel et inaliénable » de la liberté religieuse elle-même. Quant au secret d'un aménagement de la pluralité potentiellement conflictuelle des opinions sur ce plan, il le découvrait dans un motif similaire à celui qui pourrait régir l'opposition des intérêts dans la société civile, en l'occurrence une remarque de Voltaire à l'article « Tolérance » de son *Dictionnaire philosophique* selon laquelle, « si vous avez deux religions chez vous, elles se couperont la gorge ; si vous en avez trente, elles vivront en paix » : plus les sectes sont nombreuses et plus elles « se balancent par leur pouvoir », en sorte qu'aucune d'entre elles ne peut définitivement « l'emporter en nombre sur les autres pour les opprimer » [163, p. 447, et Madison, cité in 92, p. 77].

Étendre à l'antagonisme des croyances cette forme de sagesse pratique qui veut qu'en politique il faille « opposer l'ambition à l'ambition » pour limiter le pouvoir, voilà donc la formule qui offre une sorte de soubassement lointain du « multiculturalisme », selon une perspective clairement indiquée par Madison : « Dans un gouvernement, les droits civils doivent être défendus de la même manière que les droits religieux. Le moyen, c'est la multiplicité des intérêts dans un cas et dans l'autre la multiplicité des sectes » (*Federalist Papers*, n° LI). En retour, cette figure américaine suggère alors que l'un des problèmes de la France moderne sera sans doute celui d'une rivalité bipolaire entre l'héritage de la religion catholique et les formes plus diffuses mais prégnantes d'une religion révolutionnaire ou même simplement républicaine. De manière similaire, elle éclaire la différence des pactes passés avec les groupes conduits à composer une nation, ce dont témoigne l'aventure des Juifs de Récife qui demandaient à s'installer en 1654 sur l'île de Manhattan. Administrateur de la colonie, Peter Stuyvesant voulait limiter le pluralisme religieux de La Nouvelle-Amsterdam et lorsqu'il vit arriver ces Juifs originaires de Hollande ou d'Italie qui étaient contraints de quitter Récife au moment de la reconquête du Brésil par le Portugal, il demanda à la Compagnie des Indes leur rapatriement en Hollande. Mais alors que ceux qu'il nommait des « Juifs obstinés et indécrottables » arguaient des services rendus à la défense de l'Empire hollandais, l'administration de la Compagnie accepta leur maintien, à une condition : que les pauvres parmi eux ne soient pas une charge pour l'Église de Hollande ou la Compagnie elle-même, « mais soient pris en charge par leur propre nation » [cité in 92, p. 65].

Tolérer les Juifs en tant que nation afin

qu'ils organisent leurs propres réseaux d'entraide et de secours, voilà qui préfigure de plus d'un siècle la reconnaissance de la liberté religieuse par le *bill of rights* et l'organisation grâce à la Constitution d'une « république composée ». Le contraste est ainsi flagrant avec le principe énoncé par Clermont-Tonnerre, montrant clairement ce qui sépare deux conceptions de la société et des moyens de l'intégration : l'une disposera, comme l'avait affirmé Rousseau, qu'il ne peut exister ni fractions du peuple susceptibles d'être représentées ni instance intermédiaire entre les citoyens et la loi; l'autre considère au contraire, à la manière de Montesquieu, que c'est de la multiplicité même des médiations entre les individus et l'État, puis de la complexité de leurs relations que découle la liberté. On peut alors retenir de ce voyage américain le rôle décisif joué par la tolérance en matière de religion et construire à partir d'elle une hypothèse comparative qui insisterait sur la place de l'imaginaire puritain dans la formation d'une idée de l'individu et de la liberté forgée au sein même de la culture religieuse avant de glisser vers les ordres civils et politiques. Sous couvert d'une telle hypothèse, c'est en quelque sorte la rivalité mimétique entre l'unité dogmatique prônée par l'Église catholique et l'idée d'une organicité de la nation républicaine qui lui emprunte en la combattant qui offrirait une clé de lecture en longue durée de l'histoire française post-révolutionnaire. Reste qu'avant même de la tester sur ce terrain, il peut être utile d'en confirmer l'assise par un second détour comparatif : vers l'Allemagne du XIXe siècle, qui offre le spectacle d'une construction nationale contrariée et un modèle d'identité politique rival de celui qu'invente la Révolution française ; mais aussi une pensée originale et mal perçue de l'individualisme moderne.

LA RÉVOLUTION CONTESTÉE :
L'ALTÉRITÉ ALLEMANDE

Un bref coup d'œil sur deux siècles de relations entre la France, l'Amérique et l'Allemagne laisserait apparaître une sorte de structure en chiasme. D'une solidarité transatlantique scellée sur les fonts baptismaux de la nation américaine est née une forme de méfiance diffuse, qui n'a certes jamais véritablement brisé les cadres d'une alliance politique mais s'expose volontiers dans les ordres de l'économie ou de la culture. De part et d'autre du Rhin, à l'inverse, il est peu d'époques de cette longue période qui n'aient été marquées par la préparation d'une guerre ou les séquelles d'une autre, jusqu'au pacte pourtant conclu sur les ruines de 1945 qui ferait d'une amitié franco-allemande inédite le moteur de la construction européenne. Sans remonter aux temps lointains qui avaient assuré la *Naissance de deux peuples* à partir du même Empire carolingien [22], c'est dans leur rivalité que semblent s'être largement formées les deux nations modernes. Au XIXe siècle, l'antagonisme n'est pas seulement politique, il est aussi philosophique, artistique, littéraire, nourri de beaucoup d'indifférence, de quelques polémiques et d'une logique plus ou moins secrète de concurrence. Rares sont alors ceux qui s'exercent aux regards croisés et leur manière de le faire les rend aussitôt suspects à leur propre culture. Il en est ainsi, en Allemagne, de Heinrich Heine, qui murmure « Vive la France ! quand même... », raillant chez Hegel ou Schleiermacher les « zèbres aux raies tricolores » qui prônent « le statu quo de la servitude », pour mieux admirer dans l'image d'un Paris victime du choléra « la ville de l'égalité, de l'enthousiasme et du martyre, la ville rédemptrice qui a déjà tant souffert pour la délivrance temporelle de l'humanité » [72, p. 120]. Les choses sont identiques à l'époque, lorsque c'est dans l'Allemagne contemporaine que Germaine de Staël loue les vertus de l'enthousiasme qui auraient déserté une France épuisée, même si elle prend la précaution de faire précéder son voyage dans l'histoire, la civilisation, la culture et la philosophie allemande d'une remarque ironique sur la symétrie des mœurs littéraires propres aux deux peuples : « Les Allemands ont le tort de mettre souvent dans la conversation ce qui ne convient qu'aux livres ; les Français ont quelquefois aussi celui de mettre dans les livres ce qui ne convient qu'à la conversation » [150, I, p. 20-21].

Si Tocqueville demeure jusqu'à nos jours la figure tutélaire de toute comparaison franco-américaine, on trouvera chez Louis Dumont de précieux signes de piste pour un voyage allemand beaucoup moins fréquenté. Alors qu'il apparaît que dans l'imaginaire français l'Allemagne figure en quelque sorte l'altérité même, c'est par l'anthropologie historique que Louis Dumont propose d'éclairer une séparation abordée au travers de ce dialogue fictif. À l'instar de Montesquieu, l'un dit : « Je suis homme par nature et français par accident. » À quoi l'autre répond : « Je suis essentiellement un Allemand et je suis un homme grâce à ma qualité d'Allemand[5]. » Que seul un Français puisse imaginer possible d'être lui-même et autre chose tout à la fois, qu'en cela il « identifie naïvement sa propre culture à la culture universelle » [39, p. 16], voilà ce qu'a déjà suggéré l'analyse de quelques textes fondateurs, dans le moment naissant d'une conscience révolutionnaire. Cette attitude a probablement ses raisons, qui seraient les circonstances atténuantes d'une forme d'arrogance à posséder l'universel. Pour avoir dominé le monde occidental par sa culture au

XVIIIᵉ siècle, puis au travers de sa révolution souvent perçue comme l'inauguration d'une histoire nouvelle, la France s'est persuadée d'être à jamais la terre d'élection de la liberté. Mais l'essentiel est qu'en oubliant sans doute les conflits théoriques et les ambiguïtés pratiques de cette liberté, elle est largement demeurée insensible ou aveugle à ce qui pouvait exprimer d'autres formes de l'individualisme moderne, ne voulant voir qu'une contestation de ses principes là où se déployaient peut-être des alternatives au schéma de son histoire.

D'une altérité allemande réelle ou supposée il faut identifier la forme, avant même de tenter d'en scruter l'origine. Avec Louis Dumont, on peut souligner la manière dont l'Allemagne a longtemps participé au patrimoine commun d'une Europe occidentale chrétienne, avant de progressivement s'en éloigner. S'il suffit de citer les noms de Leibniz et Kant pour caractériser le premier de ces phénomènes, durant les deux siècles clés d'une invention de la modernité, l'analyse se complique aussitôt du fait qu'il chevauche partiellement le second, dans la mesure où le processus de séparation pourrait commencer avec l'exceptionnelle effervescence intellectuelle et artistique de l'Allemagne entre 1770 et 1830. Autant alors aller droit au résultat tel qu'il peut se percevoir d'un point de vue allemand au moment critique de la Première Guerre mondiale et sous l'œil exercé de Ernst Troeltsch. Que Troeltsch ait consacré son œuvre à une sociologie de la religion n'est pas indifférent comme on le verra bientôt, mais l'important est ici qu'il décrive une « idée allemande de la liberté » qui semble corroborer bien des stéréotypes français à ce sujet. À ses yeux en effet, « les Allemands ont dans le sang le dévouement à une chose, une idée, une institution, une entité superindividuelle » [cité in 39, p. 60]. D'où leur légendaire « force d'organisation », qui ne doit pas s'entendre comme soumission servile ou aliénation à la société, mais en tant que « liberté organique », forgée dans la coopération des individus aux entreprises sociales, puis confirmée grâce « au sens discipliné du tout et au sentiment de l'honneur ». Une telle définition laisse supposer qu'elle n'est peut-être pas étrangère à un processus de construction des catégories sociologiques qui intériorise le sentiment d'une opposition entre la liberté allemande et ses modèles français ou anglo-saxons, ce qui se retrouverait sans doute également dans la manière dont Toennies distingue la communauté (*Gemeinschaft*) de la société (*Gesellschaft*), ou encore dans la typologie des formes sociales chez Max Weber.

Qu'une profonde césure entre deux visions du monde se soit instaurée à partir de la fin du XVIIIe siècle pour opposer la France et l'Allemagne, voilà qui se retrouve sur les différents plans de l'expérience culturelle, avant de s'expliquer par des facteurs historiques plus lointains, précipités par les événements politiques[6]. À titre d'illustration, si l'on considère l'exemple de la littérature, il n'est sans doute pas vain de creuser la différence entre la conception française du roman de société et celle du *Bildungsroman* dont *Les années d'apprentissage de Wilhelm Meister* offrent le modèle. Comme le montre Paul Bénichou, *Le sacre de l'écrivain* s'opère en France au travers de l'érection d'une sorte de magistère moral et social qui fait de la littérature un pouvoir spirituel des temps modernes, au service d'une représentation de l'histoire humaine comme marche vers le progrès [7]. À la suite de Lukács, c'est alors une sorte de critique de cet humanisme abstrait que l'on peut déceler chez Goethe, dans le chapitre précisément intitulé « Confession d'une belle âme » et plus généralement dans la dialectique même de ce roman de formation [98, p. 56 sq]. Ici, en effet, l'horizon d'édification du récit consiste moins à montrer comment l'individu s'arrache par l'éducation aux contraintes du préjugé ou du conformisme qu'à souligner la manière dont sa révolte adolescente contre le milieu social doit le conduire à s'adapter finalement aux contraintes de son temps. Une telle figure n'avait d'ailleurs pas échappé à Hegel, qui la commente au sein de son *Esthétique* dans une perspective parfaitement conforme à sa propre critique de la liberté abstraite : « Car la fin de telles années d'apprentissage consiste dans le fait que le sujet émousse ses cornes, s'encadre avec ses désirs et ses pensées dans les conditions existantes et dans leur rationalité, entre dans l'enchaînement du monde et acquiert dans son sein un point de vue adéquat » (cité in *ibidem*, p. 60).

On pourrait multiplier à l'envi les traces d'une telle conscience de la spécificité de la culture allemande, toujours plus ou moins affirmée dans le contexte d'une rivalité avec celle de la France. Ainsi retrouverait-on chez Thomas Mann la caractérisation de l'Allemagne par une certaine fierté d'obéir, un hommage rendu à Goethe pour sa critique du progrès et surtout l'idée que son identité intellectuelle tient en une protestation millénaire contre la civilisation romaine, dans une opposition entre la littérature et la poésie ou la musique [102, p. 51-53]. À quoi il faudrait ajouter que, sur le plan philosophique, la fascination du dernier Heidegger pour la poésie et les fulgurances d'une pensée grecque présocratique n'est peut-être pas étrangère à ce motif, qui fait en l'occurrence de l'Allemagne d'un Hölderlin le refuge d'une pensée de l'être écrasée par la métaphysique, française si l'on veut, cartésienne en tout cas. D'un point de vue inverse et non sans liens avec l'expérience de l'histoire allemande contemporaine, on sait que Vladimir Jankélévitch s'est patiemment attaché à décrire une opposition formelle et spirituelle entre deux univers de la musique, comme pour contester une prédominance qui semblait acquise dès la fin du XVIIIe siècle et réhabiliter les noms de Gabriel Fauré, Maurice Ravel ou Claude Debussy. Quant à George Steiner enfin, il formule l'énigme que le XXe siècle allemand a fait surgir au travers d'un mélange de soumission à l'autorité et de culte rendu à la culture, en exposant toute la puissance d'un symbole : Buchenwald à quelques kilomètres de Weimar, le camp de la mort sous l'ombre de l'arbre de Goethe, ou comment il se peut que les mêmes hommes torturent et tuent le matin alors qu'ils jouent Schubert le soir [153].

Avant de revenir sur cette question, il faut sans doute encore explorer un moment les lieux d'expression d'une divergence des cultures, ne serait-ce que pour mieux préciser la spécificité allemande. Un mot la résumerait d'autant mieux qu'il paraît presque intraduisible d'une langue à l'autre : *Bildung*. Restituant la singulière carrière de cette notion,

Aleida Assmann insiste sur ses origines piétistes, mais souligne surtout ce qu'elle doit à une conception de l'éducation directement tournée contre le modèle français. Chez Herder, par exemple, elle porte la trace d'une révolte contre la prédominance du latin dans l'érudition européenne, au nom du droit d'aimer une langue maternelle jugée barbare de ce point de vue et dans la perspective d'une critique de l'humanisme des Lumières, avec ce que Hans Blumenberg nommera quant à lui son « eschatologie du livre qu'incarne l'*Encyclopédie* » [4, p. 19]. Sous cet angle, l'imaginaire de la *Bildung* mêle étroitement la conception de l'intériorité qu'exprime parfaitement le roman d'apprentissage avec les idées d'une nationalisation et d'une historicisation de la culture, qui passent par un rôle central accordé à l'étude du langage et à la restitution du passé. Cela explique sans doute à la fois la naissance en Allemagne de la philologie savante au début du XIXe siècle et la place qu'occupe la discipline historique au sein de son université. C'est à elle aussi que l'on peut imputer l'importance des discussions autour du concept même d'histoire dans ses différents ordres : celui des méthodes d'une science empirique esquissée par Ranke et dont Reinhart Koselleck reconstruit les transformations; puis celui d'un questionnement plus spéculatif qui se déploie de Hegel à Dilthey, sujet auquel Raymond Aron avait consacré sa thèse [84, chap. 1 ; 3].

Au-delà même des disciplines, c'est alors autour de la question de l'université en tant que telle que l'on peut saisir quelque chose de l'opposition entre deux modèles. En ouvrant ce dossier afin d'éclairer les débats contemporains, Alain Renaut rappelle qu'au début du XIXe siècle, qu'ils se nomment Fichte, Schelling ou Hegel, les philosophes allemands se sont tous penchés sur le problème. Quant à la fondation de l'université de Berlin en 1812, elle atteste d'un projet dont Wilhelm von Humboldt avait assuré la cohérence et qui réalise une sorte de miracle : offrir à la critique de l'ancienne institution médiévale son débouché, tout en préservant l'horizon d'une formation à la plus haute culture [130, p. 127]. À l'évidence, un conflit existait s'agissant des finalités mêmes de l'université. Dans une vision « autoritaire » des choses, Fichte estimait qu'en échange de son financement, l'État était en droit d'attendre que les établissements d'éducation forment les citoyens à remplir une fonction dans la communauté. À quoi, plus libéral, Schleiermacher opposait le principe d'une libre acquisition par les étudiants d'une culture personnelle essentiellement destinée à les préparer pour la liberté. Le compromis de

Humboldt ne tiendrait alors pas au fait que Fichte puisse devenir doyen de la faculté de philosophie tandis que Schleiermacher occuperait la même fonction pour la théologie, mais dans une manière d'assurer la dimension d'éducation morale de la nation propre au projet par l'abandon de la perspective d'une simple juxtaposition de disciplines et le refus des écoles spécialisées à finalité professionnelle. En ce sens, l'université serait le lieu d'une « formation par le savoir », une institution dévouée à l'unité systématique de la connaissance et qui ne devrait à l'État que le principe de son autonomie. Radicalement inutile dans la mesure où elle n'a pour fonction, selon une formule de George Gusdorf, que de « rappeler les hommes à l'ordre de l'humanité », l'université allemande offrirait ainsi pour longtemps un modèle, par ses libertés académiques et sa fidélité aux exigences de la culture.

Une telle perspective n'est à coup sûr pas étrangère à la fondation de l'université républicaine dans la France de la fin du XIXe siècle. Sur l'arrière-plan d'une défaite souvent interprétée en termes de supériorité intellectuelle et morale de l'Allemagne, son modèle est alors dans toutes les têtes et l'on retrouve le conflit entre les idées de faculté et d'université [123, p. 235 sq]. Outre le fait qu'il est sans doute impossible de comparer le débat entre Fustel de Coulanges, Lachelier, Lavisse et Seignobos à celui qui avait opposé Fichte, Schelling et Schleiermacher, non plus d'ailleurs que Louis Liard à Humboldt, c'est une différence de projet qu'il faut isoler. Celle-ci ne réside pas dans l'horizon d'unité du savoir qui préside à la reconstruction de l'institution universitaire, dans la mesure où, si l'Allemagne le perçoit au travers de la conception du système propre à l'idéalisme, la France le découvre par le positivisme. Dans le contexte intellectuel et politique des années 1880, l'université française vise à s'installer sur une synthèse entre l'héritage de la Révolution incarné en la matière par Condorcet et la philosophie d'Auguste Comte, ce que Claude Nicolet peut résumer d'une formule : « science républicaine et république scientifique » [107, p. 309]. D'un point de vue théorique, on pourrait discuter la forme même de cette synthèse et plus précisément la manière dont elle prétend concilier une référence à l'universalisme de 1789 volontiers formulé en termes kantiens avec une dogmatique positiviste qui lui est radicalement étrangère. Sur le plan philosophique, elle explique peut-être ce que Paul Ricœur décrit comme « un des drames de la pensée française » dans son rapport aux traditions voisines, à savoir « l'alternance entre la fascination et le rejet, qui l'empêche de produire son autonomie à partir d'emprunts libres » [135, p. 91].

D'une autre manière, la reconstruction de l'université française soulève le problème de sa véritable finalité, au cœur de l'idéologie républicaine et dans le cadre d'une compétition avouée avec l'Allemagne. Dans la matérialité même des choses, les symboles sont puissants, puisque l'on pose en 1885 la première pierre de la nouvelle Sorbonne sur l'emplacement exact de celle de Richelieu qui vient d'être détruite, comme s'il fallait une fois encore faire table rase du passé pour mieux fonder une institution qui par ailleurs renoue aussitôt avec la tradition, dans son style néoclassique, sa décoration et une partie de ses programmes. Quel est alors l'enjeu de ces derniers ? Comme le montre Pierre Rosanvallon, tout porte à penser qu'il est directement politique, plus précisément même dominé par une sorte de hantise vis-à-vis des énigmes d'une démocratie écartelée entre le poids du nombre et le besoin de capacité. En ce sens, c'est peut-être Alfred Fouillée qui décrit le mieux en 1884 l'objectif d'une éducation qui veut résoudre les « antinomies » du suffrage universel : « Réconcilier la supériorité numérique avec la supériorité intellectuelle, voilà la "quadrature du cercle" de la démocratie » [cité in 139, p. 355]. On voit ainsi comment l'université républicaine hérite de la révolution jacobine tout en s'adaptant aux conditions nouvelles de l'expérience politique. Pour la première, en effet, l'idéal pédagogique était entièrement noué au rêve de façonner un homme nouveau pour une cité régénérée. En 1880, les choses sont en partie différentes. Au souci des révolutionnaires, souvent nourris de références antiques, a succédé la préoccupation plus pragmatique de former un esprit national et d'éduquer les mœurs dans l'urgence des lendemains de la défaite. Mais surtout, parce que le suffrage universel est acquis et la perspective d'une stabilité institutionnelle crédible, l'enjeu essentiel est désormais de « former des acteurs politiques conscients » (*ibidem*, p. 359). À quoi s'ajoute enfin une figure sans doute plus discrète au niveau de l'université qu'elle ne l'est à d'autres échelons du système éducatif : la volonté de façonner et de répandre une morale laïque qui puisse contester le pouvoir de l'Église et arracher les individus à son influence.

Former les individus à la citoyenneté républicaine et les libérer de l'emprise des idées religieuses, voilà deux caractéristiques du projet universitaire de la France moderne qui l'opposent à celui de l'Allemagne et permettent d'éclairer en retour quelques éléments de la culture puis de l'histoire propres à cette dernière. Afin de préciser les choses, il faut insister sur le fait que la différence du premier de ces points de vue n'est pas dans l'horizon d'éducation à la liberté associé à l'université, mais concerne la nature même de celle-ci : liberté politique essentiellement tournée vers l'exercice du suffrage d'un côté ; liberté personnelle de formation à la science de l'autre. En ce sens, il est indispensable de corriger la première image donnée d'une culture allemande de la dévotion à la communauté en restituant son pendant, c'est-à-dire une forme d'individualisme principalement attachée au culte de l'intériorité. Troeltsch à nouveau serait ici précieux, lorsqu'il développe sa définition de la liberté allemande : « Unité organique du peuple sur la base d'un dévouement à la fois rigoureux et critique de l'individu au tout, complété et légitimé par l'indépendance et l'individualité de la libre culture (*Bildung*) spirituelle » [cité in 39, p. 60]. La voici donc de nouveau, cette notion de *Bildung* que Thomas Mann voyait comme une donnée « spécifiquement allemande », un sens « de la liberté, de la culture et de la ferveur de la vie » issu de Goethe et qui pouvait se glorifier de son indifférence à la politique [102, p. 421]. Comme le note Aleida Assmann, elle fournit à l'Allemagne pour tout le XIXe siècle la double perspective où se trame son existence : l'art et l'histoire étroitement mêlés, la science et la mémoire nationale imbriquées l'une dans l'autre. À quoi s'ajoute enfin que, de Schleiermacher à Gadamer, elle reste jusqu'à aujourd'hui au cœur d'une tradition allemande des sciences sociales, puisque le maître ouvrage du chef de file de l'herméneutique contemporaine s'ouvre sur une réflexion qui lui est consacrée [54].

L'imaginaire de la *Bildung* a aussi connu de virulentes critiques, telle celle de Nietzsche dénonçant « cette célèbre profondeur intérieure, dans son petit temple inaccessible » [108, p. 119]. Par cette formule de ses considérations sur « l'utilité et les inconvénients de l'histoire pour la vie », le polémiste voit quelques éléments essentiels du phénomène. Le fait tout d'abord qu'à travers lui, l'Allemand a voulu quitter « l'école des Français », leur goût de l'artifice et des conventions, pour « devenir plus naturel et donc plus allemand ». Puis ce qui le préoccupe davantage, à savoir la manière dont le culte de la profondeur et du secret peut enrayer tout désir de marcher vers la grandeur, lorsqu'il s'allie à une sorte de contemplation esthétisée du passé, ce qui serait le drame de l'histoire allemande. Mais ce que Nietzsche perçoit le mieux est sans doute l'origine religieuse d'une disposition à l'intériorité qui lui apparaît d'autant plus vaine désormais qu'elle se vide de son sens : « Qu'y a-t-il encore à croire, à espérer, lorsque la source de la foi et de l'espérance est troublée, quand la profondeur a appris à faire des bonds, à danser, à se farder, à s'exprimer de façon abstraite et calculée, à se perdre lentement elle-même ? » (*ibidem*, p. 120). Voilà donc le secret d'une forme allemande de l'individualisme percé par son plus vigoureux contempteur. Si la *Bildung* apparaît selon un mot de Thomas Mann comme « idéal de l'universalité de l'homme privé », elle le doit à la manière dont la Réforme a promu une intériorisation du sentiment religieux en limitant le poids des institutions ecclésiales pour valoriser le rapport direct au texte de l'Écriture et à Dieu. Autrement dit, en revenant à Troeltsch, le sens de la liberté allemande est bien de correspondre à « une sécularisation du sentiment religieux du devoir », qui s'expose moins dans l'idéal d'une citoyenneté politique qu'au travers d'une éducation de soi et qui préfère l'unité d'une communauté de croyances aux formes d'une société civique.

Il faut d'autant plus insister sur ce point qu'il est sans doute le plus difficile à percevoir pour une sensibilité française : l'origine religieuse d'une variante de l'individualisme moderne. Ici, c'est indéniablement l'effet de la Réforme qui est décisif, dans la mesure où elle promeut une forme authentique d'autonomie individuelle face à l'autorité qui ne se conçoit pas en tant qu'émancipation vis-à-vis des idées de la religion, mais comme retour à leur source. Il s'agit donc, si l'on veut, d'une révolution herméneutique pour un bouleversement de la question métaphysique du salut qui accélère l'apparition du sujet moderne, comme le montre Thomas Nipperdey en rappelant ses mots d'ordre : *sola scriptura*, *sola gratia*, *sola fide* [109, p. 46]. Doit-on alors, comme Louis Dumont dans une comparaison de vaste ampleur entre les civilisations, estimer que ce retour aux fondements du christianisme initié par Luther montre la présence du principe individualiste dès les premiers siècles de notre ère [37, p. 33 sq] ? Si l'hypothèse est séduisante en ce qu'elle questionne la césure établie entre la modernité et le monde classique, elle risque cependant d'occulter une séparation plus décisive et mieux à même d'éclairer la diversité des trajectoires de la France et de l'Allemagne. On peut en effet concevoir que leurs manières d'incarner deux variantes de l'individualisme trouvent leur soubassement dans des relations opposées à l'héritage religieux : le projet d'un arrachement à son emprise, confondue avec les prétentions spirituelles et politiques de l'Église catholique, d'un côté ; le sentiment d'une sécularisation de la foi dans une culture de l'intériorité préparée par le protestantisme de l'autre. Par-delà ce qui ouvrirait ainsi une perspective sur la spécificité du modèle français de laïcité, c'est peut-être la question de la place et du rôle de l'expérience politique qui se trouve posée, avec pour cadre l'opposition entre un processus français de construction nationale centré sur l'État et la difficulté de l'unité allemande longtemps privée de ce moyen.

L'hypothèse d'une révolution religieuse contribuant à l'invention de l'individualisme moderne par la Réforme est-elle contradictoire avec celle qui privilégie la révolution politique liée à l'émergence de l'État dans l'interprétation de ce phénomène ? Marcel Gauchet le pense, qui voit dans les guerres de religion la scène primitive où se joue la naissance de la modernité, montrant qu'avant même l'ère des révolutions « la raison d'État est la réponse politique à la déraison belliqueuse de la foi dont témoigne l'affrontement des religions » [59, p. 33]. Explorant alors la redoutable question des relations de la France avec la chrétienté « au miroir de la raison d'État », il saisit la matrice de l'expérience politique française dans la manière dont ce dernier parvient à s'imposer, dès la fin du XVIe siècle et sur fond d'inexpiables luttes religieuses, comme « le *pacificateur* par excellence », assurant en sa faveur un véritable transfert de religiosité dont le projet prendra la forme d'un « accomplissement du royaume-nation par l'opération roi-État[7] ». Cette démonstration puissante sur les rapports en longue durée d'une extrême complexité entre religion et politique dans l'histoire française empêche-t-elle toutefois de considérer que l'Allemagne offre l'exemple d'une autre expérience religieuse, précisément déterminée par l'héritage de la Réforme et caractéristique d'une forme d'évitement du politique ? Assurément, de la réponse à cette question dépend non seulement la pertinence du détour allemand pour saisir par contraste quelque chose de la France, mais aussi la validité d'un questionnement de sa conception de l'universel qui pressent ce qu'il doit à l'imaginaire religieux.

C'est une fois encore Thomas Mann qui a suggéré avec le plus de clarté le lien entre un individualisme de l'intériorité issu de la Réforme et un décentrement de l'expérience politique spécifique à l'histoire allemande. Pour l'auteur des *Considérations d'un apolitique*, les choses sont en effet entendues : « Luther fit de la liberté et de la souveraineté des Allemands quelque chose d'achevé en les intériorisant et en les éloignant ainsi à jamais de la sphère des querelles politiques. Le protestantisme a ôté à la politique son aiguillon spirituel, il en a fait une affaire de pratique » [102,

p. 237]. Hegel ayant estimé que la France ne connaîtrait jamais le repos faute d'avoir vécu la Réforme, Carlyle affirmant que la révolution n'est jamais qu'un mauvais substitut à cette dernière, Thomas Mann exprime ici parfaitement une idée commune au XIXe siècle allemand et dont il offre la forme ultime : « L'expérience de la Réforme immunise contre celle de la Révolution » [*ibidem*, p. 426]. Creusant alors cette vision, Louis Dumont va très loin dans l'opposition, puisqu'il l'érige en un véritable antagonisme entre deux paradigmes culturels et historiques [39, p. 24 sq]. Du côté français, tout se passerait sur le plan sociopolitique, dans la mesure où, sur une trajectoire préparée par les Lumières, la Révolution précipite l'avènement d'un individualisme principalement soucieux d'égalité et de citoyenneté. Pour ce qui concerne l'Allemagne, en revanche, il faudrait distinguer entre deux moments dialectiquement liés. Celui tout d'abord d'une « première offensive » de l'individualisme, associée au nom de Luther et au programme de la Réforme, dans l'ordre essentiel au XVIe siècle du religieux. Quant au pli décisif d'une histoire allemande profondément traumatisée par la guerre de Trente Ans, il serait alors pris deux siècles plus tard, au travers d'une réaction contre la seconde vague de l'individualisme, c'est-à-dire précisément sa forme sociopolitique exposée par les Lumières françaises et précipitée par la Révolution.

Dans l'explication de ce dernier phénomène, une place centrale devrait être accordée à la pensée de Herder, décisive dans la genèse du nationalisme moderne, comme l'a souligné Isaiah Berlin [8, chap. 1, et 9, chap. 8]. En publiant quinze ans avant la Révolution française *Une autre philosophie de l'histoire*, Herder anticipe en quelque sorte sur l'événement, au travers d'une critique du rationalisme universaliste, de l'abstraction philosophique et de la notion à ses yeux abstraite de progrès. Plus clairement même, parce qu'il valorise la diversité des cultures pour montrer que chaque peuple exprime à sa manière un aspect de l'humanité, il offre à l'Allemagne du *Sturm und Drang* tout à la fois un schéma intellectuel directement tourné contre la prédominance des Lumières françaises et un moyen de justifier la spécificité de son histoire. Il faut toutefois préciser que, sans même parler du cas ambivalent de Fichte, cette perspective n'exprime pas l'intégralité de la pensée allemande au tournant du siècle, dans la mesure où, sur ce plan, Kant serait à l'évidence du côté français, comme le suggère lumineusement Ernst Cassirer en explorant sa relation à Rousseau [24]. Si l'on reprend la question au moment même où surgit la Révolution, on peut imaginer que c'est elle qui dessine une ligne de partage des eaux. Pour Kant, en effet, cet événement est définitivement de ceux qui « ne s'oublient plus », parce qu'il offre le « signe » attendu d'une possible avancée de l'humanité vers le mieux qui serait le fruit de sa liberté, mettant ainsi au jour dans la nature humaine une disposition au progrès [78, p. 893-898]. L'occasion est alors la seule où le philosophe à la prudence légendaire et qui faisait de la méfiance vis-à-vis de l'enthousiasme le fil de sa critique de la raison se laisse aller à ce sentiment.

On retrouverait bien sûr jusque chez le Hegel de la maturité quelque chose de cette exaltation : lorsque les *Leçons sur la philosophie de l'histoire* parlent encore d'un « superbe lever de soleil » entraînant une « émotion sublime », quelque chose qui doit s'entendre comme la « véritable réconciliation du divin avec le monde » [69, p. 340]. Il reste cependant qu'il faut aussitôt saisir le motif central de cette interprétation, qui en précise la métaphore directrice : « Depuis que le soleil se trouve au firmament et que les planètes tournent autour de lui, on n'avait pas vu l'homme se placer la tête en bas, c'est-à-dire se fonder sur l'idée et reconstruire d'après elle la réalité. » Que vise Hegel dans cette image riche d'une postérité qui se retournera contre lui ? Le fait qu'à l'évidence les Français par leur révolution ont voulu accomplir dans l'ordre social et politique un mouvement copernicien de reconstruction du cadre même de l'expérience humaine, cherchant ainsi à restaurer l'unité du concept et du réel détruite à la fin du monde antique par la décomposition de la « belle totalité » grecque. Mais le propos rappelle aussi et surtout que l'homme n'est en quelque sorte pas destiné à vivre la tête en bas, formule qui pointe l'abstraction formelle du droit français et la nature instable de la liberté qui s'y attache. Reviennent alors en bon ordre les expressions successives du schéma de sa critique. Celle tout d'abord de la description par *La phénoménologie de l'esprit* des opérations de la liberté abstraite comme « furie et destruction », sous la figure allégorisée de la Terreur livrant « la mort la plus froide et la plus plate, sans plus de signification que de trancher une tête de chou ou d'engloutir une gorgée d'eau » [68, II, p. 136]. Puis celles qui se déploient au sein des *Principes de la philosophie du droit* en se mêlant à la critique du formalisme kantien. Celles enfin de la philosophie de l'histoire elle-même, lorsqu'il apparaît que le moment de la pure idéalité est définitivement voué au dépassement.

Tout porte à revenir un instant au moment sans doute décisif : celui des années de jeunesse d'un Hegel vivant la Révolution française avec Hölderlin et Schelling au séminaire de Tübingen. Quelque peu incertaine mais probable, l'anecdote est célèbre qui rapporte comment les trois amis du *Stift* auraient créé un club inspiré de ceux de Paris, Hegel et Hölderlin ayant même planté un arbre de la Liberté [32, p. 67 sq]. Mais, par-delà cet évident mouvement d'enthousiasme, l'essentiel tient à ce qui se prépare dans l'esprit de Hegel. Il semble que très tôt sa préoccupation, héritée des Lumières, en faveur d'une compréhension de l'histoire telle qu'elle s'accélère en France ait pris l'allure d'une méditation sur l'expérience allemande. Ainsi, c'est dans le sillage de Voltaire ou Gibbon et sous l'impact des événements français que Hegel se demande au milieu des années 1790 comment « réclamer la restitution, au moins dans la théorie, en tant qu'elles sont la propriété des hommes [...] des richesses qui furent gaspillées au ciel » [70, p. 102]. Déjà pourtant, cette question classique, qui touche à la grandeur des peuples antiques et à la manière dont le christianisme a supplanté les religions païennes, prend chez lui la forme d'un soupir quant à la pauvreté de l'expérience allemande comparée à celle des Français : « Nous sommes absolument privés de toute imagination politique » [*ibidem*, p. 91]. Par cette formule, Hegel invente une sorte de leitmotiv qui se retrouverait à l'origine de deux autres grandes vocations théoriques allemandes. Celle de Marx écrivant en 1844 : « Nous, nos bergers en tête, nous ne nous sommes trouvés qu'une seule fois en compagnie de la liberté, le jour de son enterrement. » Puis celle de Max Weber déclarant en 1895, après la parenthèse bismarckienne : « Nous sommes les enfants posthumes d'une grande époque politique » [voir 19, p. 25].

Qu'un même sentiment d'une impuissance allemande à la liberté par la politique puisse se déployer des premiers fragments de Hegel à la fin du XVIIIe siècle jusqu'à la leçon inaugurale de Max Weber au terme du suivant, voilà qui consolide l'hypothèse comparative avancée. D'un côté, on trouve ici sous le regard d'observateurs attentifs et concernés une confirmation des effets de l'absence d'une révolution sociopolitique en Allemagne, tandis que tout l'intérêt porté par un Weber à l'éthique puritaine contribue par ailleurs à valider la perspective d'un individualisme d'origine religieuse issu de la Réforme. On peut alors se demander si une large part de la vie intellectuelle allemande du XIXe siècle ne se déploie pas comme la recherche d'une alternative au modèle français d'accès à l'universel, dans un mouvement préparé par la critique des Lumières telle que la conduisait Herder et qui se réapproprie l'héritage protestant sous la forme d'un culte de l'intériorité opposé à la citoyenneté formelle. Une fois encore, c'est chez Hegel que l'on rencontrerait l'expression la plus puissante de cette volonté d'incarner une variante de l'universel en marche. Ainsi, lorsque les *Leçons sur l'histoire de la philosophie* parviennent à Kant, Fichte et Schelling, elles évoquent une « grande époque de l'histoire mondiale » à laquelle Français et Allemands participent également au travers de leur opposition, ajoutant cette explication de leur antagonisme : « En Allemagne, ce principe a fait irruption à titre de pensée, d'esprit, de concept; en France, c'est dans la réalité effective que cette irruption s'est produite » [71, p. 1827]. Si l'on rappelle qu'aussitôt Hegel caractérise le kantisme par son formalisme et son « manque de profondeur », puis la pensée de Fichte par son impossibilité d'aller au-delà d'une expression subjective de l'absolu, on retrouve l'épure d'un projet qui se conçoit dans la rivalité avec la France comme celui de la réconciliation du concept et de la réalité.

Revenant alors vers la comparaison franco-allemande telle que la conduit Louis Dumont, on constate qu'elle articule trois propositions pour déboucher sur une équation. En premier lieu, conformément à l'hypothèse empruntée à Thomas Mann, la Réforme a immunisé l'Allemagne contre la Révolution, ce qui permettra à ses intellectuels de résister dès 1750 au modèle des lumières laïques développé à l'Ouest. À quoi s'ajoute que, dans la mesure où le principe de cette résistance à l'individualisme sociopolitique est issu d'une première vague, purement religieuse et limitée à l'homme intérieur, de l'individualisme moderne, il faut corriger l'image d'une culture et d'une société allemandes purement holistes, pour dessiner en elles les formes d'un compromis entre la « survivance tranquille, aux temps modernes, de la communauté » et un attachement à la culture de soi. Ainsi décrite au travers de l'agencement de ces deux principes, l'Allemagne du XIXe siècle offrirait enfin une oscillation entre des formes parfaitement maîtrisées de leur équilibre, comme chez Hegel, et des expressions plus exacerbées du sentiment communautaire dans le romantisme. L'ensemble de cette interprétation peut désormais se résumer sous la forme d'une équation qui caractérise l'expérience allemande : « holisme de la communauté + individualisme du développement de soi » [39, p. 36]. Comme l'avait montré Alexandre Koyré, on trouverait alors, pour terminer, dans cette structure la raison de l'accueil de Herder chez les peuples d'Europe centrale au XIXe siècle, ou encore les motifs de la vogue de Schiller, Schelling et Hegel en Russie : les penseurs allemands avaient préparé « des versions plus assimilables de l'innovation moderne à l'usage des nouveaux venus » [*ibidem*, p. 43 ; 85].

Il reste qu'il faut également tenter de saisir l'envers de ces deux modèles, ne serait-ce qu'afin de percevoir le prix sans doute payé par la France pour son éviction de la Réforme, tout comme l'effet en retour de l'immunisation allemande contre la Révolution. Sur le versant français des choses, si Michelet, Tocqueville ou Guizot ont contribué à une mise en intrigue de la Révolution dans la perspective de ses liens avec la religion, c'est chez Edgar Quinet que l'on rencontre l'analyse la plus saisissante de ce point de vue. Pour ce dernier, l'expérience de la France révolutionnaire ne se comprend que dans le cadre d'un christianisme fondateur de l'individualisme moderne, dont « l'Église catholique symbolise le reniement, et la Réforme, la renaissance[8] ». Or, le drame qui se noue à cette époque consiste en cela que si un vieux pays volontairement resté sous les férules de l'Église et de la monarchie vit une résurgence du principe chrétien, qui le pousse à vouloir accomplir la promesse divine dans la démocratie, il ne parvient pas à donner à sa révolution la dignité du religieux et l'enlise dans une reprise de la culture absolutiste. De là vient l'apparent paradoxe de la thèse de Quinet : une condamnation de la Terreur plus radicale que celle de son ami Michelet et l'idée pourtant d'une excessive timidité des révolutionnaires, encore prisonniers des figures de la servitude et finalement sauveurs du pouvoir de l'Église. Mais l'incongruité de ce jugement s'estompe si l'on prend la mesure du fait que l'intérêt de Quinet se focalise, en même temps que sur l'aspect religieux de la Révolution, sur l'énigme du pouvoir qu'elle laisse surgir. Comme Tocqueville et Michelet, Quinet voit parfaitement la réinstitution du pouvoir absolu au sein de la Révolution et il récuse par avance l'argument des circonstances s'agissant d'expliquer les causes de la Terreur. À leur différence, toutefois, c'est moins la violence de cette dernière qui le préoccupe que son absence de signification. La France avait manqué l'occasion de la Réforme et elle ne saura que sacrifier ses enfants à une raison d'État perpétuellement réinventée. Il lui fallait un Moïse ou un Calvin, elle n'eut que Robespierre, sinistre réplique dans le meilleur des cas de Richelieu.

Qu'en est-il alors des héritages depuis longtemps acquis et des occasions manquées de l'histoire dans l'univers allemand? La question est d'autant plus délicate qu'elle peut conduire à percevoir trop vite des sources du nazisme dans la culture de l'Allemagne du XIXe siècle, au risque d'occulter la part de nouveauté propre à l'événement. Tout porte cependant à compléter encore un peu l'analyse de son modèle, en décrivant notamment l'ambivalence d'une notion de *Bildung* qui offre le principe recteur d'un schéma d'intégration, alors qu'elle peut aussi se retourner pour devenir le socle d'une structure d'exclusion radicale. L'exemple le plus probant à cet égard est bien sûr celui de la situation des Juifs en Allemagne à l'aube du XXe siècle. George Mosse a parfaitement décrit les effets d'une idée de l'émancipation qui était vécue comme invitation à se fondre dans l'univers de la culture allemande [106]. Parmi de multiples exemples, l'autobiographie de Gershom Scholem illustrerait les formes d'une assimilation plus complexe que ne le suggère un célèbre mot de Heine sur le baptême comme billet d'entrée dans la société allemande : la persistance par les fêtes ou le rituel de quelques éléments de judaïsme, dans un imaginaire d'acculturation à la vie bourgeoise ; une sorte de fierté d'appartenir au monde des Lumières, doublée de mépris pour les Juifs de l'Est engoncés dans leurs traditions ; la certitude enfin de participer à la rencontre la plus riche entre le judaïsme et la culture occidentale depuis l'époque de l'Espagne médiévale [147]. Dans le même sens, on trouverait un témoignage d'autant plus impressionnant de cette ambiance qu'il atteste le rayonnement de l'Allemagne bien au-delà de ses frontières au travers de la description que donne le poète russe Ossip Mandelstam de la bibliothèque de son père : le bas étage d'un « chaos de Judée réduit en poussière », avec ses pentateuques roussis aux reliures déchirées et l'obscure *Histoire juive* d'un talmudiste russe ; puis les rayons glorieux de l'ordre, sur lesquels se pressent en rangs serrés Goethe et Schiller, ou encore Shakespeare en traduction allemande [100, p. 32-33]. À mi-chemin de Berlin et de Varsovie, c'est enfin la lettre jamais envoyée par Franz Kafka à son père qui offrirait de Prague l'expression la plus douloureuse d'une blessure traduite ailleurs par l'auteur du *Château* dans les termes d'une véritable confusion des langues susceptible d'empêcher l'écriture elle-même.

On sait que les années vécues par une grande partie des Juifs d'Allemagne comme le moment d'une extraordinaire rencontre avec l'Occident furent aussi celles de la renaissance d'un antisémitisme qui avait chez Luther des allures théologiques et devenait désormais une composante du nationalisme. Ainsi, Heinrich von Treitschke, qui serait en quelque sorte l'historien officiel de Guillaume II, avait déclaré dès 1880 : « Les Juifs sont notre malheur », avant de dénoncer en 1917 leur manière d'exercer de l'intérieur une action destructrice de la nation, comme ils l'avaient fait autrefois pour l'Empire romain. En ce sens, tandis que Goethe conciliait la défense de la littérature mondiale et l'idée de la *Bildung*, cette dernière se retournait en principe de valorisation exclusive de la germanité et d'exclusion des cultures étrangères, le point ultime de ce paradoxe tragique étant atteint au moment où quelques intellectuels juifs apparaîtraient comme les derniers avocats d'une conception allemande de l'universalisme. On trouverait chez Fritz Stern une description précise de ce retournement des différentes composantes de l'expérience allemande moderne en facteurs de ressentiment contre la modernité, au service de ce qui nourrirait bientôt une politique du désespoir [154]. Est ainsi particulièrement significatif l'itinéraire d'un Paul de Lagarde, intellectuel subtil et brillant philologue qui, après un tournant nationaliste à l'époque de la guerre de 1870, mobiliserait ses compétences théologiques au profit de la construction d'une sorte de religion germanique mêlant une réinterprétation de l'héritage de la Réforme à la haine de la modernité, une réappropriation de la culture allemande à la dénonciation de l'influence des Juifs et de leur philosophie[9].

Si la thèse de Fritz Stern ne peut expliquer à elle seule les origines de l'histoire allemande du XXe siècle, elle permet d'éclairer le contre-effet de l'individualisme décrit dans son opposition à la Révolution. On ne peut en effet sous-estimer l'impact d'un Paul de Lagarde sur les intellectuels de l'Allemagne du début du siècle, de Troeltsch qui lui dédie l'un de ses livres à Thomas Mann qui le tient en haute estime. Mais l'essentiel est sans doute dans la manière dont la période qui précède la Première Guerre mondiale, puis celle de la fragile République de Weimar préservent en la transformant l'équation qui allie l'individualisme de l'intériorité au dévouement par la culture à la communauté. De ce point de vue, l'apolitisme d'un Thomas Mann qui sera bientôt contraint à sortir de sa réserve est significatif, puisqu'il atteste la longue persistance d'une idée de la liberté étrangère ou hostile au modèle français de la citoyenneté. Reste que le sursaut de Thomas Mann ne peut dissimuler l'évolution plus massive qui conduit dans l'ordre intellectuel d'une sorte de pessimisme fin de siècle vers un nihilisme nourri de références mythiques à l'histoire allemande et de racisme, puis, dans le domaine de l'action, d'une indifférence aux problèmes de la cité vers une politique du désespoir exacerbée dans la violence. Au travers de ce mouvement, l'Allemagne paye sans doute le prix en retour d'une figure de la Réforme qui immunise contre la révolution : l'absence d'un individualisme sociopolitique susceptible de former des citoyens ; l'inexistence d'une expérience de la médiation permettant un traitement pacifique des conflits. S'ajoute enfin à ces deux manques dont la République de Weimar fera la douloureuse expérience le fait que par son histoire, mais aussi sans doute son imaginaire politique, l'Allemagne a conservé une conception universaliste de la souveraineté qui pousse à l'expansion et au pangermanisme, bien après le moment où l'Angleterre et la France avaient commencé d'apprivoiser l'inscription territoriale de cette notion [voir 80 ; 81].

Faudrait-il alors penser que lorsque l'Allemagne parvient enfin au lendemain du nazisme à concevoir les formes juridico-politiques d'un État national, elle le fait par allégeance à une sorte de modèle français refoulé depuis près de deux siècles ? Au travers d'une idéalisation philosophique de cette expérience allemande de la seconde moitié du XXe siècle, Jürgen Habermas a forgé un concept particulièrement subtil : celui de « patriotisme constitutionnel » [65, chap. 15, 16]. Pour une part, en effet, il désigne parfaitement la dimension si l'on veut française d'une aventure politique qui se conçoit désormais dans la perspective de la représentation et de la citoyenneté, de la participation civique et de la reconnaissance d'une universalité des droits de l'homme. Mais, dans le même temps, la référence à la notion de patriotisme indique plus discrètement ce qui sépare peut-être enfin deux conceptions de la nuance d'attachement ou même d'affectivité contenue dans ce terme : l'une délibérément tournée vers la norme constitutionnelle fondée en raison, dans un contexte où l'Allemagne ne peut se référer à la continuité de son histoire ; l'autre conservant quelque chose d'une définition de la nation chez Renan, au travers d'une volonté en acte et d'une communauté de destin. Retenant que cette idée pourrait éclairer bientôt quelques éléments des différences entre la France et l'Allemagne contemporaines dans leur rapport critique au passé puis leur disponibilité à l'aventure européenne, on peut souligner un point qui confirmerait l'analyse antérieure. Lorsque Jürgen Habermas questionne sur le plan strictement philosophique les origines d'une crise de la raison qui aurait partie liée avec la catastrophe politique du XXᵉ siècle, il pointe un moment et un lieu extrêmement précis. À ses yeux, en effet, le tour négatif de la philosophie occidentale ne doit être situé ni dans les sources grecques de la métaphysique ni chez Descartes ou même Kant, mais à l'époque de la jeunesse de Hegel : précisément à l'instant où ce dernier renonce au projet d'une transformation réflexive du concept de raison au profit d'une idée de l'absolu qui conduirait à l'hypostase de l'histoire [64, chap. 2]. De ce point de vue, si ce n'est bien sûr pas dans les termes d'un simple retour à la philosophie française contre l'évolution interne à l'idéalisme allemand qu'il faut concevoir la perspective d'une reconstruction de la raison pratique, le projet d'une politique conforme à l'idéal de la démocratie et structurée par le droit s'ancre très précisément dans l'espace commun à Rousseau et Kant, sur un horizon qui n'est autre que celui ouvert par les révolutions de la fin du XVIIIe siècle [66; 20]. Autrement dit, avant même de revenir aux fondements et aux formes du modèle républicain français, il faut retenir cette figure d'un retournement de sa contestation allemande, quitte à ce qu'elle devienne plus tard l'un des moyens de son examen critique.

LA RÉPUBLIQUE :
UN BEAU RISQUE À COURIR ?

Les élections européennes du printemps 1999 resteront sans doute comme une date importante de la vie politique française, moins par leur résultat lui-même qu'au travers d'un singulier symbole. Pour la première fois, une liste nationale a choisi d'user d'une particularité du droit propre à ce scrutin et tardivement ratifiée par la France, en offrant la tête de sa liste à un citoyen d'un autre pays de la communauté. De celui-ci, on se souvient alors qu'il avait provoqué une première effervescence à Paris en mai 1968, suscitant les violences verbales croisées d'un ministre de l'Intérieur conservateur et d'un responsable du Parti communiste, par trois mots qui figuraient encore un puissant repoussoir : anarchiste, juif, allemand. À l'époque, Hannah Arendt, qui avait vécu avec sa famille la cruelle aventure des Juifs allemands internés dans les camps de rétention français au début de la guerre, lui avait écrit : « Je suis convaincue que tes parents, surtout ton père, seraient très fiers de toi s'ils étaient encore en vie. » Nul ne sait ce qu'elle dirait trente ans plus tard, mais l'histoire quant à elle semble se répéter. Lorsque Daniel Cohn-Bendit se présente comme chef de file des écologistes, il rencontre en effet un front commun inattendu de forces qui vont des chasseurs hostiles à la réglementation européenne aux syndicalistes de l'industrie nucléaire soucieux de préserver leur instrument de travail. Mieux même, l'offensive contre sa candidature paraît presque officiellement conduite à nouveau par le ministre de l'Intérieur, représentant cette fois d'une gauche de la social-démocratie hier marxiste, devenu héros d'un camp républicain volontiers nationaliste, et qui susurre l'étrangeté quelque peu inquiétante d'une présence allemande au sein de la vie politique hexagonale.

L'arrière-plan de cette affaire est bien entendu plus complexe que ce qu'évoque le retour des refoulés de mai et touche au réaménagement de la scène politique française autour de la référence républicaine. À la fin des années 80, on pouvait imaginer que l'image du front était claire, dans une bataille qui concernait essentiellement la gauche. Pour le camp souvent qualifié de « gauche américaine », au terme de deux cents ans de batailles sur le régime, d'une alternance réussie et d'un exercice du pouvoir démystificateur pour les socialistes, la France avait fermé « son théâtre de l'exceptionnel » pour quitter sa culture politique belliqueuse et définitivement entrer dans « le droit commun des démocraties » [49, p. 54]. Auteurs d'une *République du centre* qui prenait acte de cette « fin de l'exception française », François Furet, Jacques Julliard et Pierre Rosanvallon prédisaient alors une normalisation de la vie politique nationale par rapport aux démocraties anglo-saxonnes, sans crainte apparente vis-à-vis de cette forme de refroidissement de son histoire. Mais la défense de ce point de vue « démocrate », soupçonné d'inspiration américaine par la médiation de Tocqueville, devait susciter la réplique d'un républicain encore solitaire et destiné à devenir le général d'une armée qui ne dédaignerait pas d'être comparée à celle des ombres. Dénonçant une alliance de l'argent et de l'image qui aurait remplacé celle du trône et de l'autel, fustigeant le triomphe du libéralisme économique et l'oubli de la nation, brandissant enfin Valmy pour réveiller un peuple en passe de devenir contre-révolutionnaire, Régis Debray proclamait l'urgence d'une levée en masse des républicains contre l'insignifiance où risquerait de sombrer une

France ravalée au rang des démocraties ordinaires [29].

Plus de dix ans semblent alors s'être passés sur cette ligne de front, parfois quelque peu brouillée par l'irruption intempestive de querelles autour de la laïcité ou quelques escarmouches vers un débat concernant le multiculturalisme. La France est ainsi faite qu'elle vit au rythme d'appels au peuple qui sont autant de prières déposées par ses intellectuels dans le journal du soir, qu'ils occupent tout le temps d'un été pour nourrir son repos, ou surgissent aux premiers jours de l'automne afin de secouer sa léthargie. Il reste que celui de septembre 1998 avait de quoi surprendre les observateurs les plus blasés, sous sa bannière héroïque : « Républicains, n'ayons plus peur [10]. » Que surgisse avec le spectre d'un pays menacé de dépression la nostalgie de ses figures familières que sont le père et le maire, le conscrit et le copain d'atelier, l'instituteur en blouse grise ou l'ouvrier en bleu de chauffe, voilà qui ne suscitait guère la surprise. Elle grandissait en revanche à constater que huit intellectuels de gauche poussaient la réhabilitation de l'idée sécuritaire jusqu'à proposer une mesure que la droite elle-même se garderait d'avancer : abaisser la responsabilité pénale à seize ans pour « responsabiliser » les mineurs. Au-delà pourtant du contenu d'un texte parlant tout à la fois le latin et la langue des adolescents pour mobiliser Jeanne d'Arc et Michelet au chevet de la République, c'est la rencontre des signataires qui devait faire l'effet d'une bombe. Solennellement, en effet, ceux-ci rappelaient qu'ils s'étaient opposés dans presque toutes les guerres françaises récentes, qu'ils avaient été européens et opposants au traité de Maastricht, partisans ou adversaires de l'intervention aux côtés des Américains dans la guerre du Golfe, représentants de la « première » et de la « deuxième » gauche : « républicains » et « démocrates » en somme, soudains réunis dans un sursaut civique et intellectuel contre une menace silencieuse. C'est dire que l'heure était grave, comme celle d'une union sacrée à l'instant décisif de la bataille, lorsqu'elle ne peut se gagner que « dans les cœurs et les têtes ».

En s'engageant pour sa part dans une sorte de voyage intérieur au cœur de *La France imaginée*, Pierre Birnbaum prend la peine d'élargir l'horizon de ce combat pour la réappropriation de la référence républicaine et propose une idée hétérodoxe. Auscultant les conflits de valeurs qui resurgissent d'autant mieux aujourd'hui qu'ils avaient longtemps été enfouis dans un discours de la lutte des classes, il observe qu'au moment même où s'installait la première scène de l'antagonisme sur la fin de l'exception française, une autre France se réveillait en se retrouvant elle aussi une origine historique. Sur ce point à nouveau, les symboles sont puissants, puisqu'ils concernent la manière dont fut célébrée en 1993 la face cachée de la Révolution : l'invitation par l'inventeur d'un mémorial aux victimes de la répression vendéenne d'Alexandre Soljenitsyne [13, introduction]. En un sens, le dispositif est parfait. Tandis que la gauche paraît avoir clos deux siècles de rivalités sur l'interprétation de la Révolution, pour célébrer la naissance des droits de l'homme et déplacer son imaginaire de l'attente du grand soir vers la défense de la République, un trublion de la droite sème la confusion dans son propre camp en mobilisant tout à la fois avec l'auteur de *L'archipel du goulag* le plus puissant critique du totalitarisme bolchevique, qui rappelle à l'occasion son éventuelle filiation avec la Révolution française, et le défenseur d'une Russie éternelle revendiquant le droit à sa propre culture face à l'universalisme qui fait désormais florès en Europe. Derrière l'effet de cette contre-célébration de la Révolution et une forme de concurrence entre les lieux de mémoire, la question est alors de savoir si l'événement est seulement la dernière résurgence d'un conflit depuis longtemps éteint ou la manifestation au grand jour des rendez-vous avec le passé d'une persistance de l'antagonisme entre deux France.

Pour Pierre Birnbaum, ce théâtre critique du Bicentenaire devient un lieu privilégié d'observation. Sous les traits d'Alexandre Soljenitsyne, les défenseurs de la mémoire vendéenne ont voulu trouver l'avocat d'une ancienne culture de la Russie, attachée à l'orthodoxie, hostile à l'absolutisme des Lumières et soucieuse d'identité nationale, comme pour réveiller la figure oubliée d'un Joseph de Maistre, avec son catholicisme intransigeant, sa critique de la Révolution et un nationalisme qu'Isaiah Berlin comparait à celui de Tolstoï. Dans ce miroir inattendu, deux choses apparaissent alors. En premier lieu ce fait, souligné par les doctrines de la contre-révolution, que la France a depuis toujours souhaité « s'identifier à un principe spirituel unique » [13, p. 19]. Mais l'essentiel est désormais dans l'éventuelle ambivalence de ce principe, ou mieux encore dans la possibilité que son expression au travers de la Révolution puis son incarnation au sein de la République ne soient que l'envers de son ancienne forme catholique. Autrement dit, est-on certain que l'imaginaire de la France s'absorbe complètement dans l'idée de son lien privilégié avec la Raison, une adhésion sans réserve aux idéaux des Lumières et le refus d'un nationalisme relativiste propre aux peuples de l'Europe de l'Est? À l'inverse, ne pourrait-on se demander si la fille aînée de l'Église ne demeure pas, jusque dans les manifestations de son anticléricalisme ou sa fierté laïque, « la nation catholique par excellence » ? Inconvenante sans doute au regard d'une sorte d'orthodoxie de l'histoire intellectuelle française, l'hypothèse est peut-être féconde. Sous le regard d'un observateur extérieur et attentif, elle devient d'ailleurs l'objet d'une thèse : l'identité collective de la France ne se loge ni dans le modèle anglo-saxon de l'individualisme libéral ni dans le nationalisme ethnique d'inspiration allemande, mais dans un mélange ambivalent de ces deux paradigmes, qui lui donne une personnalité clivée, longtemps exprimée dans un antagonisme politique et probablement aujourd'hui repliée dans l'opposition des mémoires [60].

Qu'il puisse exister un point commun entre les imaginaires en conflit de la France et les figures qui les incarnent, voilà ce que montre parfaitement Isaiah Berlin, en parcourant la littérature souvent délaissée de la contre-révolution. Pour Berlin en effet, « par tempérament, Maistre ressemblait à ses ennemis, les jacobins; comme eux, il était un croyant absolu, un homme aux haines violentes, un jusqu'au-boutiste en toutes choses [...], leur exact pendant » [9, p. 115]. En ce sens, il est possible que l'on puisse découvrir chez Maistre ou Bonald plus que la simple négation d'un universalisme français également contesté par Burke ou Herder : quelque chose qui lui appartiendrait en propre. Car si le contre-révolutionnaire emprunte au jacobin quelques traits de son visage, l'inverse n'est-il pas vrai, qui verrait dans le républicain le plus intransigeant une sorte de survivance du prêtre ? Jadis esquissée par Jaurès lorsqu'il évoquait Robespierre, cette question conduit Pierre Birnbaum vers une proposition originale : « Contre toute attente, la France n'incarne-t-elle pas la véritable nation herdérienne, à ceci près que l'affrontement entre les deux principes dans lesquels elle se reconnaît se déroule sur son propre territoire, en elle-même, sa double identité, bâtie sur des principes contradictoires, l'entraînant vers des conflits internes sans fin, vers des affrontements irréductibles qui la déchirent toujours plus ? » [13, p. 20]. Telle serait donc peut-être la véritable exception française : une manière de toujours communier dans l'idéal d'une unité spirituelle et d'une homogénéité sociale tout autant voulue par l'ancienne culture catholique conservée dans la contre-révolution que par une expression particulière des Lumières, l'esprit de la Révolution et enfin l'imaginaire de la République.

L'attestation la plus claire d'une telle perspective se trouverait dans l'antilibéralisme commun aux doctrines politiques qui se partagent l'espace intellectuel français du XIXe siècle. Comme souvent, la source de ce phénomène réside dans la relation à la scène originelle et elle trouverait son expression définitive dans un mot tardif de Clemenceau : « La Révolution est un bloc. » Alors même qu'elle met au jour un soubassement de la culture républicaine qui persiste jusqu'à une date récente, cette formule célèbre délivre également une sorte d'aveu, en soulignant la difficulté du travail critique sur l'interprétation de l'événement révolutionnaire. En ce sens, elle montre comment l'imaginaire républicain demeure très longtemps attaché à une dialectique admirablement décrite par Jean Starobinski : « La lumière révolutionnaire, née du recul de l'ombre, doit faire face au retour de l'ombre qui la menace jusqu'au-dedans d'elle-même [...]. La raison théorique et l'enthousiasme qui la propage vont devoir affronter le jeu des "forces réelles". Ils vont voir renaître l'adversaire ténébreux dont ils auraient voulu être quittes une fois pour toutes. Tout retard dans la marche des Lumières, tout délai dans l'organisation pratique de l'État révolutionnaire vont être imputés (non sans de justes raisons bien souvent) à des contre-révolutionnaires, à des comploteurs, à des agents de la coalition ennemie » [152, p. 45-46]. Pour une part, bien sûr, le projet des républicains de 1875 sera d'enrayer la logique qui conduit la raison politique du désir d'un règne de la vertu à celui du soupçon puis de la terreur. Mais la question demeure de savoir si leur manière de transférer le combat d'une lutte contre la corruption de la société qui passe par l'élimination physique des adversaires à une conquête des esprits par l'éducation ne conserve pas quelque chose de cette vision, toujours opposée à l'éternel adversaire qu'est l'obscurité, elle-même associée aux idées religieuses.

Tant par la forme de sa critique de la Révolution qu'au travers de son regard sur l'esprit français, Benjamin Constant est sans doute celui qui décrit le mieux ce dispositif. On sait en effet que le schéma de la première repose chez lui sur la mise au jour d'une illusion quant au principe de l'autorité : « L'erreur de ceux qui, de bonne foi dans leur amour de la liberté, ont accordé à la souveraineté du peuple un pouvoir sans bornes, vient de la manière dont se sont formées leurs idées en politique. Ils ont vu dans l'histoire un petit nombre d'hommes, ou même un seul, en possession d'un pouvoir immense, qui faisait beaucoup de mal; mais leur courroux s'est dirigé contre les possesseurs du pouvoir et non contre le pouvoir même. Au lieu de le détruire, ils n'ont songé qu'à le déplacer » [28, p. 270-271]. Quant à la source de cette confusion qui devait conduire au dérapage tyrannique de la Révolution, elle tient dans la rencontre entre une fascination pour le modèle social de l'Antiquité et un volontarisme politique élaboré par les Lumières tardives, qui tend à combattre l'absolutisme par une confiance absolue dans les capacités du législateur. En ce sens à ses yeux, la Révolution a nié le principe de la société libérale moderne avant même de refuser le modèle du libéralisme politique : elle a refusé de voir que pour les Modernes la liberté se loge avant tout dans l'autonomie de la sphère privée, pour récuser toute limitation de l'autorité sociale. Dans un tel cadre, une sorte de tri peut alors s'effectuer pour ce qui concerne l'héritage de la Révolution. Lorsque Constant décrit la liberté des Modernes comparée à celle des Anciens, on entend souffler l'esprit de la Déclaration des droits de 1789, dans sa communauté de vue avec ses équivalents anglais ou américain : « C'est pour chacun le droit de n'être soumis qu'aux lois, de ne pouvoir être ni arrêté ni détenu ni mis à mort ni maltraité d'aucune manière, par l'effet de la volonté arbitraire d'un ou de plusieurs individus. C'est pour chacun le droit de dire son opinion, de choisir son industrie et de l'exercer... » [*ibidem*, p. 494-495]. Mais lorsqu'il faut en revanche caractériser la liberté antique comme figure d'une citoyenneté doublée de « l'assujettissement complet de l'individu à l'autorité de l'ensemble », ce sont bien les mânes de Rousseau planant sur la Terreur qui reviennent au premier plan.

On peut penser qu'en dévouant l'essentiel de sa réflexion à la « genèse convulsive » de la liberté moderne au miroir de la Révolution, Constant a fourni au libéralisme français du XIXe siècle son inquiétude et son objet, attachés à une véritable aporie de la démocratie : « d'un côté, faire émaner tout pouvoir de la société ; mais de l'autre, établir entre eux une irrécusable distinction » [55, p. 20]. À quoi s'ajoute qu'il a sans doute perçu ce en quoi cette difficulté prenait en France une allure particulière et singulièrement tenace, en raison d'une relation douloureuse à l'expérience religieuse. Lorsque Constant installe ce motif au cœur de ses *Principes de politique*, on reconnaît en lui la voix du protestant. Par la question qui organise tout d'abord l'ensemble du raisonnement sur la religion : « D'où vient que la classe qui s'en est déclarée l'ennemie a presque toujours été la plus éclairée, la plus indépendante et la plus instruite ? » [28, p. 396-397]. Mais si cette perplexité vise une spécificité des Lumières françaises, la réponse de Constant précise que c'est bien quelque chose comme leur rivalité mimétique avec l'Église catholique qui est en cause. C'est elle en effet qui est désignée comme une « religion dogmatique » prétendant « soumettre à son joug l'imagination dans ses conjectures et le cœur dans ses besoins », au point que l'on peut désormais comprendre comment « l'intolérance, en plaçant la force du côté de la foi, a placé le courage du côté du doute ». Effaçant alors le spectre des guerres de religion en montrant qu'elles naissent moins du conflit des croyances que de l'emprise exercée sur elles par l'autorité politique, Constant évoque une perspective américaine : celle d'une multitude de sectes dont s'épouvante un esprit français, tandis qu'elles empêchent en réalité que la religion cesse d'être un sentiment pour devenir une simple forme, garantissant en même temps que le pouvoir ne puisse la maîtriser. Comme par une mise en abyme de son interprétation de la Révolution et de la séparation qu'elle opère en son sein, c'est ainsi dans le propos d'un Clermont-Tonnerre, qu'il dit « mort victime de sa modération », que Constant puise la formulation du principe politique de la liberté religieuse : « Le corps social ne doit commander aucun culte ; il n'en doit repousser aucun. »

Cette sensibilité du libéralisme français à la question religieuse dans l'analyse de la liberté et de la démocratie modernes se retrouve chez Tocqueville. Lorsque ce dernier intervient en politique, c'est toujours pour désigner deux dangers symétriques : celui d'un « zèle religieux » qui réveille une ancienne confusion de l'Église et de l'État; mais aussi celui d'une tendance des gouvernements à prétendre contrôler l'expression des opinions religieuses. S'il partage le principe exposé par Constant, c'est en rappelant cependant sa forme concrète, contre une certaine hypocrisie française à ce sujet, celle qui veut qu'après que la Constituante ait affirmé la liberté d'association religieuse, les lois de la République puis de l'Empire l'ont soumise à autorisation préalable. Face à cette sorte d'éternelle tentation du pouvoir, Tocqueville rappelle alors que nul tyran n'est jamais parvenu à « empêcher un homme de croire dans son for intérieur » et que la forme authentique de la liberté religieuse est « dans la liberté du culte, dans le droit de prier en commun » [158, p. 597]. En outre, persuadé du caractère naturel des croyances religieuses et de leur rôle dans la modération des sentiments moraux ou politiques, il déplore le fait qu'apparaisse impossible en France toute « alliance de l'esprit de religion et de l'esprit libéral » [*ibidem*, p. 600]. Isolant ainsi tout à la fois un noyau central du libéralisme du XIXe siècle et la raison de sa marginalité dans l'univers post-révolutionnaire, il invite une nouvelle fois au détour comparatif, ne serait-ce que pour saisir quelque chose de la relation mystérieuse qu'entretiennent les sociétés modernes avec l'expérience religieuse, puis de la spécificité d'une modernité française qui se construit dans l'hostilité à son égard.

Les leçons du double voyage de Tocqueville, entre l'Amérique et la France tout d'abord, puis entre l'Ancien Régime et la Révolution ensuite, peuvent s'exposer sur ce plan par deux paradoxes en quelque sorte inverses. Aux États-Unis, Tocqueville a découvert ce qui lui semble l'état naturel de la relation entre la religion et la politique : parce que les Américains ne la mêlent jamais au gouvernement de la société, la religion peut être considérée comme « la première de leurs institutions politiques » et, si elle ne leur donne pas le goût de la liberté, « elle leur en facilite singulièrement l'usage » [159, p. 338]. Par extension, la place heureuse que peut occuper la religion dans la démocratie se décrit au travers de sa vertu modératrice : « en même temps que la loi permet au peuple américain de tout faire, la religion l'empêche de tout concevoir et lui défend de tout oser ». Aussitôt pourtant, il existe un revers de cette médaille, qui fait également de l'Amérique un miroir des possibles dérives despotiques de la démocratie et qui tient à la transformation de la doctrine religieuse en opinion commune, régnant sur les consciences tel un dogme vidé de son contenu. Sur ce point, Tocqueville ose une comparaison redoutable : alors que même l'Inquisition espagnole n'est jamais parvenue à empêcher complètement la circulation de livres contraires à la religion officielle, l'empire de la majorité aux États-Unis « a ôté jusqu'à la pensée d'en publier » [*ibidem*, p. 294]. La raison d'un tel phénomène doit alors être cherchée dans la forme précise de la religion dominante, en l'occurrence un puritanisme au contenu fortement politique et qui « se confondait encore en plusieurs points avec les théories démocratiques et républicaines les plus absolues » [*ibidem*, p. 35]. Tel est donc le sens d'une alliance américaine unique entre l'esprit de religion et l'esprit de liberté : éclairer ensemble la place naturelle de la religion dans les sociétés modernes et le danger d'un despotisme de majorités d'autant plus puissantes qu'elles sont silencieuses.

Comme souvent, l'expérience française offre alors une sorte d'image inversée de ce rapport entre religion et politique. Au premier regard, c'est ici l'antagonisme qui semble s'imposer, sur fond de rupture : « Une des premières démarches de la Révolution française a été de s'attaquer à l'Église, et, parmi les passions qui sont nées de cette révolution, la première allumée et la dernière éteinte a été la passion irréligieuse » [157, I, p. 83]. Pourtant, Tocqueville s'attache aussitôt à nuancer ce constat. S'il est vrai que la philosophie du XVIIIe siècle avait mis en France une ardeur particulière à combattre les idées religieuses, cette part de son héritage est celle qui se trouve le plus rapidement ensevelie sous l'effet de son triomphe. Pour la Révolution, il s'agissait moins de combattre les doctrines du christianisme que sa dimension d'institution politique et tandis qu'une véritable haine s'exerçait contre la figure du prêtre propriétaire, décimateur ou administrateur, un compromis était possible avec celui qui renoncerait à ses privilèges. Mais Tocqueville voit davantage que cet aménagement à l'amiable et perçoit une relation plus secrète entre l'événement politique et la religion. Tout comme Schiller avait souligné la capacité de la Réforme à rapprocher des peuples qui s'ignoraient, il insiste sur une singularité française particulièrement sensible dans l'idéalisme de 1789 : « La Révolution française a opéré, par rapport à ce monde, précisément de la même manière que les révolutions religieuses agissent en vue de l'autre ; elle a considéré le citoyen d'une façon abstraite, en dehors de toutes les sociétés particulières, de même que les religions considèrent l'homme en général, indépendamment du pays et du temps » [*ibidem*, p. 89]. Décrivant une analogie plus qu'une véritable identité, cette comparaison met au jour un ressort puissant de la Révolution et rend compte des motifs de son rayonnement en Europe, même si elle conduit sans doute Tocqueville à sous-estimer la persistance française des conflits religieux. Il reste qu'à nouveau, elle souligne le rôle stratégique que confèrent les libéraux français à la religion, en l'occurrence la possibilité de modérer les passions politiques et surtout la perspective d'équilibrer la démocratie par une altérité liée à la nature humaine [voir 101, p. 148].

Au-delà même des querelles sur la nature du régime, les formes de la représentation ou l'expression du suffrage, c'est peut-être cette manière de nourrir la réflexion politique par l'idée d'une religiosité naturelle de l'homme destinée à modérer les passions qui explique l'échec des libéraux français au XIXe siècle, comme par une cécité au lent travail de la sécularisation des esprits et au combat contre ce qui apparaît définitivement associé aux fantômes du passé. Tous bien sûr ont compris la nécessité d'une alliance entre la religion comme aspiration de l'homme devant fournir un principe de stabilité sociale et l'imaginaire de la science dans sa dimension critique.

Chez un Laboulaye, cela peut conduire jusqu'à demander dès 1863 la séparation de l'Église et de l'État, pour achever deux siècles de guerre, mais obtenir aussi une véritable liberté religieuse qui mettrait fin à la confusion française du clergé et de la religion symbolisée par le mot de Voltaire : « Écrasez l'infâme ! » [89, p. 59]. Chez Rémusat, en revanche, on trouverait une claire conscience du fait que « les temps modernes sont de grands sécularisateurs » [128, p. 95]. Reste que si un tel constat interdit toute volonté de remonter le temps, il laisse du moins espérer que l'on puisse sortir de l'alternative entre les tyrannies de l'Église et de l'incrédulité, précisément en laissant la religion se développer puisqu'il le faut, mais hors de l'Église comme il se doit désormais. S'agissant enfin des catholiques libéraux qui cherchent pour leur part à préserver l'Église, qu'ils se nomment Lamennais, Lacordaire ou Montalembert, ils semblent rencontrer une contradiction insurmontable entre les idées qui animent leurs combats pour la liberté du culte ou de l'enseignement et l'allégeance à Rome, tout aussi rebelle à leur revendication d'autonomie que la société française l'est à leur vision de la souveraineté ou du pouvoir. Il se peut alors que Renan ait réglé leur sort d'une formule assassine : « Ou l'on cesse d'être libéral, et l'on reste catholique ; ou l'on cesse d'être catholique et l'on reste libéral » [cité in 76, p. 212].

C'est sans doute chez Guizot que l'on trouverait une analyse du fait religieux moderne susceptible de donner au libéralisme un point de tangence avec l'esprit du temps. À l'instar de nombreuses composantes de sa doctrine, c'est chez lui sur ce point l'ambivalence qui est féconde, lorsque sont suggérées en même temps la nécessité de poursuivre le cours d'une sorte de Réforme retardée qui acclimaterait en France la véritable liberté religieuse et la perspective de l'avènement d'un pouvoir spirituel laïc destiné à remplacer la religion. Analysant la Révolution française du point de vue d'une histoire de la civilisation, Guizot, comme beaucoup d'auteurs libéraux de son temps, insiste sur le lien qu'elle entretient avec l'échec de la Réforme. Considérant ainsi que c'est ce déficit de l'histoire propre à la France qui explique la difficulté d'une harmonisation de la liberté et de l'égalité par la persistance de la culture catholique, il voit dans 1789 une forme de « rattrapage » vis-à-vis de la révolution religieuse du XVIe siècle. Mais c'est pour montrer aussitôt que 1793 atteste à son tour le caractère inachevé d'un tel processus, pour une Révolution qui n'offre alors qu'un « équivalent *incomplet* de la Réforme » [138, p. 165]. Lors même que cette analyse anticipe sur la manière dont

Quinet soulignera les affinités entre le christianisme et la Révolution française, elle permet à Guizot d'installer la Réforme comme modèle de la liberté au sein même de la culture religieuse. En ce sens, l'importante leçon qu'il consacre à la question dans son *Histoire de la civilisation en Europe* met l'accent sur une véritable « émancipation de l'esprit humain » qui ouvre l'âge moderne, avec sa dimension décisive : « Elle a laissé sans doute la pensée soumise à toutes les chances de liberté ou de servitude des institutions politiques ; mais elle a aboli ou désarmé le pouvoir spirituel, le gouvernement systématique et redoutable de la pensée » [62, p. 263]. Sur le premier de ces plans, elle devait alors conduire à une confrontation entre « le libre examen et la monarchie pure » dont la révolution d'Angleterre serait l'occasion. Au regard du second, elle dégageait déjà la perspective d'un spirituel arraché au clérical, d'une autonomie de l'esprit conservant son expression religieuse tout en se libérant de l'oppression des Églises, comme si la captation du religieux par une institution temporelle contraire à la liberté n'avait été qu'une sorte de longue parenthèse dans l'histoire de la civilisation chrétienne.

La singularité paradoxale de Guizot dans l'univers du libéralisme français au XIXe siècle tient à sa manière de vouloir concilier cette idée d'une liberté intellectuelle issue de la Réforme avec la vision d'un pouvoir spirituel agissant comme puissance, perspective qui peut quant à elle croiser en même temps les nostalgies de Bonald ou Maistre vis-à-vis de l'Ancien Régime et le souhait propre à Saint-Simon ou Comte de fonder une religion positive. Exprimant en quelque sorte le spiritualisme laïque dont rêvent les doctrinaires, c'est dans son *Histoire de la civilisation en France* qu'il expose cette fois son programme : « L'alliance de la liberté intellectuelle, telle qu'elle a brillé dans l'Antiquité, et de la puissance intellectuelle telle qu'elle s'est déployée dans les sociétés chrétiennes, c'est là le grand caractère, le caractère original de la société moderne » [cité in 138, p. 166]. L'occasion est ainsi offerte d'indiquer des variantes significatives au sein du projet d'un « pouvoir spirituel » décrit par Paul Bénichou au travers du *Sacre de l'écrivain*. Pour une part, celui qu'imaginaient les philosophes du XVIIIe siècle correspond à une forme de laïcisation intellectuelle qui a été brisée par la Révolution, pour apparaître au XIXe siècle comme trop désincarné, ou lié à une raison trop étroite. La version qu'en donne Guizot semble alors intermédiaire entre deux modèles. Celui de Constant tout d'abord, fondé dans un idéalisme moral de la tolérance qui doit servir à protéger l'autonomie individuelle des emprises de l'État et du pouvoir, dans une perspective largement étrangère à la politique. Puis celui de Comte, qui à l'inverse est guidé par le souci d'assurer une stabilité sociale par le politique, en réinvestissant pour le transposer l'idéal théocratique. Si l'on peut alors écrire avec Pierre Rosanvallon que « le pouvoir spirituel que visent Cousin et Guizot est à la fois plus laïc que celui de Comte et plus politique que celui de Constant » [*ibidem*, p. 167], c'est pour suggérer que peut-être il dessine une voie qui n'est pas tout à fait étrangère à celle qu'empruntera la République, par-delà l'échec de Guizot lui-même et au prix de ses propres ambiguïtés.

« La société française est une énigme pour le reste de l'Europe », affirmait Rémusat en 1826, ajoutant que partout imitée elle n'est nulle part comprise [127, p. 358]. Assurément, un tel constat apparaît comme l'unique point d'accord entre les différents courants intellectuels et politiques du XIXe siècle. Face à lui, on pourrait avancer que, schématiquement, l'échec des libéraux puise sans doute dans leur manière de regarder ailleurs pour trouver des moyens de tempérer les passions qui déchirent la France et de stabiliser ses institutions, tandis que le succès des républicains viendra à l'inverse d'un effort tenace en vue de préserver l'imaginaire d'une unicité de la Révolution tout en cherchant à le concilier avec les exigences de la paix civique. Quant au secret de leur formule, il tient pour sa part à une synthèse philosophiquement improbable mais politiquement efficace entre l'héritage de 1789, qui leur fournit une idée de la liberté puis le principe du régime, et la doctrine du positivisme, qui leur offre au moins l'épure du pouvoir spirituel attendu pour garantir à long terme l'unité de la nation. Fonder la république à la fois sur la tradition de la Révolution et sa critique, les principes de la liberté subjective des individus et la vision d'une marche de la raison historique vers l'âge positif, telle est l'alchimie qu'ils réaliseront. Mais le ressort de leur victoire tient probablement au fait d'avoir compris qu'il fallait dans l'immédiat dissocier les deux batailles décisives, afin que les effets du succès puissent mieux se réunir un jour : celle qui concerne la nature des institutions et se prête à un compromis pragmatique dans lequel les mots eux-mêmes peuvent offrir des associations surprenantes ; puis celle qui vise la conquête des esprits par laquelle les choses se gagnent définitivement, domaine où cette fois ils logeront toute leur intransigeance en solidifiant quelques concepts essentiels.

On ne peut que rappeler ici les différentes composantes de la tâche redoutable qu'avait à affronter la génération des républicains de

1875. Outre sa dimension militaire et politique, la défaite a produit une véritable *Crise allemande de la pensée française* [33] dont Renan demeure le meilleur témoin. Lorsqu'il publie dès 1871 *La réforme intellectuelle et morale de la France*, Renan est un admirateur de l'Allemagne, dont il a vanté le système universitaire ou les vertus militaires, et il voit dans la guerre à ses yeux absurde qui s'achève une preuve de ce que la société française offre de plus en plus une pâle image de l'Amérique, où l'esprit démocratique se dévoie en utilitarisme. Sa réponse à l'événement mêle alors une critique de l'atomisation sociale et de la paresse civique propres à la démocratie avec un refus du suffrage universel comme source de la légitimité. Convaincu de la nécessité d'un roi, partisan de la restauration d'une aristocratie de fonction et d'une Chambre haute, il est trop conservateur pour fournir aux républicains les secours de sa réforme, sauf peut-être pour ce qui concerne l'enjeu même d'une éducation par laquelle il faut arracher les âmes à l'emprise de l'Église. Mais, au-delà de la crise morale et intellectuelle attachée à la défaite, c'est aussi la Commune qui a placé un immense obstacle devant les républicains. Comme le montre François Furet, celle-ci a reconstruit durant quelques semaines la scène où s'affrontent depuis un siècle deux France radicalement antagonistes en réveillant leurs spectres respectifs, puisque si sa nature même et son déroulement ont fait revivre « le patriotisme terroriste de l'an II », c'est la contre-révolution qui est venue « faire sa visite sépulcrale à la France coupable » après son écrasement [52, p. 491].

En terminant par l'entrée en scène des républicains de 1875 le récit d'une *Révolution* qu'il faisait débuter en 1770, François Furet a dessiné un subtil portrait de quelques-uns d'entre eux, tout en soulignant par cette chronologie même la dualité de leur projet : faire advenir enfin une stabilité de l'héritage de la Révolution, tout en achevant la Révolution. Deux de ces figures permettent de suivre le cheminement d'une victoire inattendue, avant qu'une troisième ne donne l'occasion de préciser sa matrice intellectuelle. Soit tout d'abord Gambetta, petit-fils d'un pêcheur italien dont la famille viendra s'établir à Cahors, monté à Paris en 1857 pour faire ses études de droit, brillant orateur au tempérament extraverti et qui épousera successivement deux rôles contradictoires et pourtant cruciaux chacun à leur date : celui d'un républicain jacobin du gouvernement de Défense nationale, qui semble la figure de proue d'un patriotisme révolutionnaire retrouvé; puis celui du fondateur d'un républicanisme de gouvernement dont il thématise la variante radicale dans son discours de Belleville, en défendant la séparation de l'Église et de l'État, la liberté de la presse et d'association, ou encore l'école gratuite pour tous. Tout semble l'opposer à Jules Ferry, issu d'une vieille bourgeoisie provinciale de légistes, esprit cultivé et plutôt austère, porté vers la littérature et la philosophie, élu député de Paris en 1869, relativement discret pendant la Commune au nom de son attachement à la « République légale » comme le lui reprochera Clemenceau, réservant peut-être ses forces pour les temps plus calmes qu'il contribuera à faire advenir. Reste pourtant entre les deux hommes, compagnons de lutte et rivaux, un corps d'idées similaires et qui font le socle de la république en train de naître : l'héritage de 1789 et le refus du socialisme ; l'anticléricalisme et la vision d'une science positive unifiant les esprits ; l'idéal enfin d'une citoyenneté moderne susceptible de réconcilier la liberté et l'égalité.

Parce que l'une et l'autre des batailles décisives de la République se gagneront autour de subtilités sémantiques, c'est sans doute chez l'homme des mots qu'il faut découvrir l'étrange synthèse intellectuelle sur laquelle elle repose et l'explication de son mystère : une force polémique qui cache sa modération de fond. Avec Émile Littré, en effet, nous rencontrons un authentique disciple d'Auguste

Comte, qui affirme avoir adhéré en même temps qu'aux principes du *Cours de philosophie positive* à ses conséquences [131, p. 95]. De ces dernières il faut préciser qu'elles ne sont autres que la critique de l'abstraction métaphysique de la philosophie des Lumières et des droits de l'homme, la nécessité d'une soumission de la politique aux lois de la nature, ou encore l'urgence de l'instauration d'un pouvoir spirituel fort qui supprime une liberté de conscience inconnue dans les sciences exactes : tout ce qui fera dire à John Suart Mill au terme de son *Autobiographie* que le positivisme est « le système le plus complet de despotisme spirituel et intellectuel qu'ait produit l'esprit humain ». À travers Littré, on perçoit alors la puissance d'attraction de Comte sur la génération orpheline du Second Empire et qui tient à sa manière de proposer une solution massive aux problèmes qu'affronte toute la pensée politique du XIXe siècle. Celle-ci vient-elle à désespérer de voir se succéder des révolutions sans lendemain et des régimes précaires, qu'il lui offre la définition d'un « âge intermédiaire », inscrit dans la longue durée de l'histoire et destiné à se voir remplacé par une nouvelle unité spirituelle et morale. Se croit-elle de la même façon vouée à d'interminables dilemmes entre une liberté anarchique et des pouvoirs tyranniques, qu'il lui livre un slogan dont l'avenir est prometteur : « ordre et progrès ». Tout juste faut-il accepter le lieu commun à ces différentes perspectives et le prix à payer pour entrer dans ce système : renoncer aux illusions de la liberté abstraite et de la pensée formelle, pour communier dans la vision de l'avènement d'un âge positif où les savants présideront à la réorganisation définitive des sociétés modernes.

Pourtant, l'itinéraire de Littré est précisément exemplaire par sa manière de se détacher de ce modèle, pour n'en conserver que ce que la république pourra reprendre dans son code intellectuel. En 1851, il avait publié un ensemble de textes qui devait former pour un temps la bible du positivisme politique, sous le titre extraordinairement puissant par son ambiguïté même de *Conservation, révolution, positivisme*. Mais lorsqu'il reprend en 1879 son « petit livre vert », c'est pour indiquer sous chaque article le cheminement de sa pensée et les raisons d'un désaccord devenu fondamental avec Auguste Comte. C'est qu'entre-temps, ce dernier a lui-même livré son *Catéchisme positiviste*, encore intitulé *Exposition de la religion universelle*, avouant ainsi clairement l'orientation de son entreprise vers la forme d'une église. Récusant cette dérive, exclu des guerres de succession qui déchirent les disciples à la mort du maître, Littré produit en 1864 une somme sobrement titrée *Auguste Comte et la philosophie positive*, ouvrage dans lequel il restitue le système dont il s'est éloigné, tout en précisant sa critique et la vision du monde contemporain qui lui est propre : « Les deux intérêts qui prédominent présentement dans la société européenne sont la liberté et le socialisme ; la liberté sans laquelle l'homme moderne, n'ayant qu'une existence incomplète, se sent, comme disait le Romain, *deminutus capite* ; le socialisme en tant qu'aspiration des classes populaires vers la plénitude de la vie sociale. Il importerait peu comment ces deux intérêts seraient satisfaits, pourvu qu'ils le fussent. Mais ils impliquent la liberté de discussion et l'expérience se charge de jour en jour de prouver que la discussion n'est effective que dans les gouvernements représentatifs. M. Comte prétendait leur substituer la dictature. Mais avec la dictature on ne combinera jamais la liberté de discussion... » [95, p. 602].

Liberté et reconnaissance sociale, gouvernement représentatif et sagesse de l'expérience, on a compris qu'en rompant avec le positivisme, le lexicographe donne presque une forme sémantique au pari républicain. Pour le Littré du *Dictionnaire* en effet, si la république est avant tout la « chose publique » qui peut correspondre à tout type de gouvernement, elle connaît aussi un sens particulier pour lequel la nature de celui-ci apparaît cette fois décisive, devenant ainsi une sorte d'idée régulatrice, ou encore quelque chose comme « la forme qui entraîne le fond », selon un mot de Gambetta. Cela ne veut pas dire que Littré ait complètement oublié le positivisme, mais qu'il retravaille sa perspective d'une science du social dans la direction d'une « politique expérimentale » dont Léon Donnat fixera le contenu en 1891. De ce point de vue d'une sorte d'épistémologie de l'action, il pourra dire que la supériorité de la république tient précisément au fait qu'elle est le régime qui permet le mieux au temps de jouer son rôle, en sorte qu'il « n'est aucune réforme sociale, quelque grande qu'elle soit, pourvu qu'on la discute et qu'on la fasse triompher devant l'opinion, à qui elle ferme la voie » [97, p. 485]. Au-delà des mots qui esquissent une fragile synthèse entre le principe d'expérience retenu de Comte et l'idéal des droits de l'homme que ce dernier abhorrait, Littré ouvre aussi l'arc d'une alliance dans laquelle va se fondre la république « opportuniste ». De manière symptomatique, c'est dans les marges de *Conservation, révolution et positivisme,* comme en surimpression de sa première version parfaitement étrangère à l'idéal républicain, qu'il dépose la formule du compromis politique grâce auquel celui-ci se réalise : « Deux catégories d'hommes travaillent à détourner le danger, d'un côté les républicains qui s'efforcent de ramener le parti révolutionnaire dans le giron de la discussion et de la légalité; de l'autre côté, les conservateurs qui acceptent le régime républicain et en font la garantie de l'ordre » [96, p. 459].

Aperçue sous les figures politiques centrales de Gambetta et Ferry, saisie dans sa matrice intellectuelle au travers de Littré, quelle est la nature de la république qui s'installe en 1875 ? Restant encore un instant dans l'ordre des mots, on peut noter que la grande étude de Jean Dubois sur le vocabulaire politique et social de la France entre 1869 et 1872 ne relève pas moins de seize épithètes ou attributs destinés à la qualifier, tandis que déjà « vieille » pour le Flaubert de *L'Éducation sentimentale*, elle ne représente rien moins qu'une « heure de Dieu » aux yeux de Victor Hugo [36, p. 404]. Alors que son sens demeure encore relativement indéterminé au moment de son installation, comme si elle attendait de l'expérience la fixation de son contenu précis, la singularité française réside sans doute dans son élection par le lexique politique au détriment de la démocratie [voir 140]. Étrangement en effet, à quelques exceptions près comme celle de Tocqueville qui l'attache à la définition même des sociétés modernes, la démocratie est la grande absente des discours. Dotée d'une connotation antiquisante pendant la Révolution, elle ne parvient jamais au XIXᵉ siècle à désigner le combat pour la souveraineté du peuple ou le suffrage universel, tandis que les libéraux s'en méfient, sauf à l'entendre au sens d'un état social, et que les socialistes l'ignorent largement. Lorsqu'elle émerge alors autour de 1848 puis sous l'Empire, c'est pour délimiter en même temps une expérience encore vague et l'inquiétude qui s'y attache, une question irrésolue et la forme imprécise de sa solution. Au moment enfin où la forme de cette dernière paraît se dessiner, la démocratie semble avoir perdu la bataille sémantique au profit de la république, inscrite en lettres majuscules au fronton des bâtiments publics et dans les esprits [11].

De telles histoires de mots sont à ce point importantes que l'on peut dire avec Claude Nicolet que la République « n'est devenue une réalité constitutionnelle qu'à la faveur d'une équivoque linguistique et d'un hasard parlementaire » [107, p. 203]. De la manière dont la première rendait possible le second, pour armer le ressort d'une victoire imprévisible mais durable, Littré une fois encore a tout dit : « Puisqu'il faut à la fois empêcher la contre-révolution et la révolution, une politique conservatrice est nécessaire » [97, p. 230].

Selon une formule chère à Gambetta, c'est alors une république « transactionnelle » qui se met en place, pour une politique expérimentale. Sur le plan intellectuel, les lointains disciples d'Auguste Comte avaient à surmonter l'antagonisme entre deux erreurs métaphysiques également condamnables à leurs yeux : le dogme « théocratique » venu du passé et le dogme « démocratique » qui semblait capturer tout l'imaginaire de l'avenir. Dans l'ordre politique, ils devaient montrer que la république est bien le régime « qui divise le moins » et peut substituer à l'éternelle division des factions révolutionnaires le rassemblement des modérés issus de chaque camp, conservateurs ouverts au progrès et progressistes soucieux de l'ordre. Restait enfin la dimension sociale des choses, où il fallait assurer l'intégration républicaine en affrontant la redoutable question du suffrage. C'est sur ce point sans doute que les choses demeurent les plus mystérieuses, dans la mesure où le discours des républicains entre 1870 et 1880 semble osciller entre deux perspectives contradictoires : « D'un côté le suffrage universel est identique à la république et de l'autre on affirme que la république est au-dessus du suffrage universel » [139, p. 346].

Cette dernière ambiguïté apparaît liée au fait que le suffrage universel n'est pas entendu de la même manière dans les deux propositions. Lorsque l'on affirme en effet l'identité de la république et du suffrage universel, c'est pour désigner au travers de celui-ci un mode de légitimation radicalement opposé à celui de la monarchie. Telle serait si l'on veut la part de l'imaginaire révolutionnaire qui resurgit dans la république naissante, sous la figure d'une volonté générale définitivement substituée à l'histoire, à la tradition et au droit divin ; ce que Jaurès résumera en 1900 d'une formule métaphoriquement parfaite : « Le suffrage universel a fait du peuple une assemblée de rois » [cité in 139, p. 347]. Mais cette définition du suffrage universel comme fondement philosophique de la république par référence à la souveraineté du peuple n'en fait pas nécessairement le cœur de la vie politique concrète. En un sens même, si les républicains le constituent en « arche sainte » de leur régime, c'est davantage pour installer un envers radical de la monarchie que pour véritablement « penser la construction démocratique de façon autonome » [*ibidem*, p. 348]. Autrement dit, c'est paradoxalement cette fois la dimension profondément conservatrice de l'héritage positiviste déposé sur les fonts baptismaux de la République qui leur fait préférer un « suffrage-principe », qui symbolise l'antimonarchie, au « suffrage-procédure », qui renverrait pour sa part à une théorie de la pratique démocratique. En termes politiques et sociaux, cela se traduira pour longtemps dans trois thèmes convergents : une méfiance récurrente envers l'expression trop directe du peuple, nourrie du mauvais souvenir des plébiscites; une défiance tenace vis-à-vis du monde paysan et des femmes, soupçonnés d'être encore sous l'emprise des idées monarchistes et de l'Église; la perspective enfin d'une immaturité du peuple que seule un programme d'éducation à long terme pourrait corriger.

Cette figure paradoxale du républicanisme permet de comprendre la structure singulière de la vie politique française et un phénomène souvent désigné par le terme probablement intraduisible de « sinistrisme ». À partir d'une division initiale des républicains entre « opportunistes » et « radicaux », on assiste en effet à ce double mouvement qui semble inlassablement reproduit : « Les partis et les étiquettes les plus "à gauche" évoluent vers le centre, vers la droite, en vieillissant [et] il naît sur leur gauche, périodiquement, des formations nouvelles qui jouent à leur égard, structurellement, le rôle qu'ils jouaient eux-mêmes une génération plus tôt » [107, p. 184; voir 144, introduction] [12]. Deux spécificités nationales s'attachent alors à la persistance d'un tel déplacement. Le premier tient en l'impossible stabilisation d'un système politique bipartisan, qui opposerait sur le mode anglo-saxon conservateurs et progressistes. Mais si l'on peut reconnaître à la source de ce phénomène le travail d'une ambiguïté sur les questions pratiques de la démocratie, sans cesse rejoué dans les catégories et les postures de la Révolution, il faut lui adjoindre un effet de polarisation aux extrêmes des forces politiques qui prennent en charge le déficit d'intégration du système républicain ou la déception à son égard. C'est ainsi que s'explique le fait que perdure une longue hostilité du mouvement ouvrier français aux principes de la démocratie formelle, non sans liens avec l'antériorité du suffrage universel sur sa propre apparition, puis l'influence incomparable qu'aura le Parti communiste lorsqu'il saura renouer les imaginaires de la révolution, pour les mettre au service de ceux qu'il décrit comme étrangers au compromis républicain, en sorte qu'il parvienne également à promouvoir la classe qu'il veut incarner en « matrice du peuple tout entier, lieu de ralliement de tous les exclus du système économique » [144, p. 101]. À quoi il faut sans doute encore ajouter qu'à l'autre pôle du spectre politique cette fois, apparaissent en raison de causes similaires des courants intellectuels et des organisations qui forment une authentique *Droite révolutionnaire*, où l'on peut découvrir avec Zeev Sternhell des origines françaises du fascisme [155].

En osant un tel rapprochement, on ne veut, bien sûr, pas suggérer une identité des extrêmes, mais seulement souligner le paradoxe qui veut que le succès politique de la République masque peut-être un déficit d'intégration sociale laissant le champ libre à des forces qui en contestent la légitimité. À travers lui, il s'agit alors de questionner l'extraordinaire triomphalisme qui semble très tôt propre aux républicains, ce dont témoignerait, par exemple, un *Manifeste positiviste* de 1882 affirmant que désormais la République est « de droit scientifique et de droit historique » [cité in 107, p. 191]. Une telle affirmation désigne une dernière fois ce qui hantait l'esprit du siècle : la possibilité d'une synthèse entre un principe de légitimité issu de la connaissance dont les Lumières avaient donné une forme trop abstraite et une continuité historique qui semblait captive des fantômes de l'Ancien Régime. En retour, elle rappelle aussi les contours du compromis républicain et l'allure de la transaction sur quoi repose le régime : une forte dose de certitudes quant à la possibilité d'une maîtrise scientifique du social, qui remonterait du dogmatisme d'Auguste Comte vers le rationalisme de Condorcet; puis une touche de référence à l'idéalisme de 1789, qui refuserait toujours cependant toute théorie du droit naturel au fondement de ses libertés. La question qui se pose est toutefois de savoir dans quelle mesure cette république qui se veut de droit historique et de droit scientifique est simplement de droit. Autrement dit, alors que l'on connaît la très longue résistance du système institutionnel français au contrôle de constitutionnalité des lois et à l'intégration des droits de l'homme dans l'ordre juridique, on peut se demander si ces phénomènes n'ont pas imposé leurs conséquences dans le domaine des libertés publiques, ou même de la vie politique.

En ouvrant ce dossier, Jean-Pierre Machelon a quelque peu bouleversé l'image traditionnelle d'une république libérale en dépit de son absence de filiation avec le libéralisme. Aux grandes heures de la théorie du droit, en effet, qu'ils se nomment Duguit, Hauriou ou Esmein, les juristes français ont vanté la générosité de la République en matière de libertés publiques, même s'il fallait au premier quelques détours intellectuels pour associer les valeurs libérales qui les portent aux normes d'un « droit objectif ». Plus récemment, on trouverait sous la plume de tel professeur de droit un dithyrambe à la gloire de la IIIe République des années 1879-1914 comme « Athènes moderne », tandis que ses historiens veulent y voir un « âge d'or » de la liberté. À l'évidence, un certain nombre de mesures plaident à elles seules cette cause, des lois de 1881 sur les libertés de réunion et de la presse à celles de mars 1884 concernant le droit syndical ou de juillet 1901 à propos des associations. Au-delà de quelques ambiguïtés doctrinales et de la reconnaissance d'une indéniable préoccupation de cette génération républicaine en faveur de l'égalité civique, le propos de Jean-Pierre Machelon est d'examiner le passage des principes aux réalités, pour évaluer « le libéralisme réel des temps les plus libéraux du régime tenu pour le plus libéral » [99, p. 15]. Surgissent alors plusieurs phénomènes de nature différente et qui incitent à reconsidérer le mythe. Le premier concerne l'ineffectivité juridique de la Déclaration des droits de l'homme comme principe de limitation de la loi, au motif de la perfection de la volonté générale. À quoi s'ajoute le renforcement d'une double spécificité française, liée d'une part à la faiblesse du système judiciaire lui-même et de l'autre à la réserve du contrôle de l'État à un droit administratif autonome étranger à la plupart des autres traditions juridiques. Restent enfin les traductions d'une tendance déjà décrite par Tocqueville au travers de la continuité paradoxale entre l'Ancien Régime et les institutions nouvelles : la faiblesse des garanties dans l'instruction criminelle, une persistance de systèmes de justice parallèles et de procédures d'exception, ou encore un régime sévère de la censure.

Par-delà ces traits généraux du dispositif institutionnel et juridique, il faut alors verser au dossier quelques exemples plus concrets, comme l'opposition au droit de grève ou les restrictions apportées aux libertés syndicales des fonctionnaires. Mais c'est surtout sur quelques affaires précises en des moments de réelles tensions que l'on peut juger le libéralisme d'un système politique. Sans même évoquer le procès en Haute Cour du boulangisme ou une répression de l'anarchisme qui ira jusqu'à l'incrimination des idées, les exemples de l'épuration au début du régime, de la loi d'exil un peu plus tard et enfin de la lutte contre les congrégations religieuses à la fin du siècle sont les plus significatifs. Avec eux en effet, on voit une république installée retrouver quelque chose des vieux démons de la Révolution et traiter en ennemis à réduire tous ceux qui semblent la menacer peu ou prou. Plus encore, c'est une sorte de permanence dans la désignation de l'adversaire qui semble s'affirmer, puisque ce dernier est toujours perçu comme une survivance du passé de l'Ancien Régime qui n'en finit pas de disparaître. Faut-il alors, comme le fait l'auteur de *L'idée républi-*

caine, refermer la page en affirmant simplement que l'on ne peut pas « vraiment considérer les "lois d'exil" ou les lois contre les congrégations comme des "violations des libertés" » [107, p. 360] ? Doit-on même, sur la question plus précise des libertés religieuses, seulement ajouter que « l'École va donc jouer, en tant qu'institution, le rôle d'une Église que la séparation achèvera de débouter en tant qu'organe d'État » ? En cherchant à laver la République de tout soupçon pour la rétablir dans ses droits de « beau risque à courir », Claude Nicolet pose peut-être de lui-même le constat qui limiterait son argumentation : lorsqu'il observe à propos du désir d'un pouvoir spirituel qui plane sur ces années qu'il se pourrait après tout que les « structures mentales » de la France républicaine soient « calquées sur celles de l'Ancien Régime ». Quoi qu'il en soit en tout état de cause d'un tel aveu, il désigne assurément une question décisive et l'espace où elle se déploie : celui d'un projet d'éducation qui s'imbrique dans un combat contre l'Église, autour d'une figure française de l'universel définitivement centrée sur l'idée de laïcité.

MÊME RELIGIEUSES :
LAÏCITÉ ET PLURALISME

Au milieu d'octobre 1989, la France semble communier dans la commémoration apaisée de sa révolution, lorsqu'une affaire inattendue fait resurgir le spectre de ses anciennes guerres civiles. Appuyé par les enseignants de son établissement, le principal d'un collège de Creil vient en effet d'exclure trois jeunes filles musulmanes qui refusent d'ôter leur voile en classe. Pour ce fonctionnaire de l'Éducation nationale, la cause est entendue : « On ne va pas se laisser infester par une problématique religieuse. » Il poursuivra d'ailleurs bientôt sa vocation de « nouvel archange de la laïcité » en dénonçant à l'Assemblée comme député RPR de l'Oise le « djihad insidieux » [13, p. 296 sq]. Les choses pourraient d'autant mieux en rester là que le ministre de l'Éducation Lionel Jospin choisit la prudence et la modération, plaidant la tolérance avant de demander au Conseil d'État un avis consultatif.

Mais, en quelques jours, c'est une véritable bataille qui s'installe. D'un côté, le camp qui se dessine est sans doute trop clair pour ne pas immédiatement susciter une réaction virulente contre son pacifisme. Le cardinal Lustiger affirme en effet : « Ne faisons pas la guerre aux adolescentes beurs. Halte au feu ! » Ce à quoi répondent comme en écho ces propos de la porte-parole de la Fédération protestante : « Notre France se réveille pour repartir en guerre contre une religion. C'est une vieille histoire qui devrait rappeler des choses aux parpaillots. » Quant au grand rabbin de Paris, il ajoute pour sa part : « Ceux qui refusent aux enfants musulmans le droit de porter le tchador ou aux enfants juifs la kippa sont intolérants. Aujourd'hui, ce ne sont plus les religieux qui font preuve d'intolérance, comme on le leur reproche si souvent, mais les laïques. L'école laïque doit donner l'exemple de la tolérance. » Face à cette communauté de vues qui attesterait la fin des guerres de religion, se profile toutefois la coalition hétéroclite de ceux qui sont prêts pour la guerre contre la religion : des gaullistes qui dénoncent une atteinte à l'unité de la nation ; une partie de la droite franchement hostile à l'islam ; Jean-Pierre Chevènement maudissant les « fichus fichus » ; *L'Humanité* qui fustige la « capitulation » de Lionel Jospin devant d'« inquiétants fanatismes » ; un secrétaire général du SGEN s'écriant : « Bas les foulards » ; et bien sûr Jean-Marie Le Pen, qui hurle contre la « colonisation de la France ».

Le front de la laïcité et des querelles scolaires paraissait pourtant calme. À l'été de la même année 1989, le congrès de la Ligue française de l'enseignement avait reconnu que le « "droit aux racines" — y compris religieuses — doit se conjuguer avec le droit aux options » [cité in 13, p. 294]. Symétriquement, l'épiscopat français commençait à thématiser la révision de son rapport à une laïcité jugée capable de se détacher de l'anticléricalisme, évolution qui conduirait en 1991 à la reconnaissance du fait qu'elle est « un acquis important et nécessaire ». Mais rien n'y fait et l'affaire des foulards sonne le tocsin d'un réveil des républicains. Le 29 octobre, brisant les solidarités d'anciens combats, *Le Nouvel Observateur* lance l'offensive en apostrophant SOS-Racisme : « La démocratie n'est pas une forme sans contenu où chacun imposerait ses préjugés. Elle n'est pas une auberge espagnole des sectarismes, un Club Méditerranée où les gentils dirigeants animeraient de gentils citoyens. Elle a, elle aussi, quelques sanctuaires où il faut ôter son chapeau, sa kippa ou son foulard [...]. Pour une fois, c'est l'interdiction qui libère. » Avec de plus nobles références et par un langage mieux châtié, cinq intellectuels de renom interpellent avec véhémence Lionel Jospin dans les mêmes pages : « L'avenir dira si l'année du Bicentenaire aura vu le Munich de l'école républicaine. [...] Il faut que les élèves aient le loisir d'oublier leur communauté d'origine et de penser à autre chose que ce qu'ils sont pour pouvoir penser par eux-mêmes. [...] Le droit à la différence qui vous est si cher n'est une liberté que s'il est assorti du droit d'être différent de sa différence. Dans le cas contraire, c'est un piège, voire un esclavage. [...] Neutralité n'est pas passivité ni liberté, simple tolérance. La laïcité a toujours été un rapport de forces. Est-ce au moment où les religions sont de nouveau en appétit de combat qu'il faut abandonner ce que vous appelez la "laïcité de combat" au profit des bons sentiments[13] ? »

On voit en effet qu'Élisabeth Badinter, Régis Debray, Alain Finkielkraut, Élisabeth de Fontenay et Catherine Kintzler sont d'humeur jacobine et qu'il n'est à leurs yeux pas question de transiger : la citoyenneté est universaliste ou elle n'est pas ; la laïcité s'apparente à une guerre au nom de la raison émancipatrice ; elle a pour unique ennemi des religions toujours tapies dans l'ombre et qui attendent l'occasion favorable d'une reconquête des esprits. Pendant le mois suivant, Régis Debray et Alain Finkielkraut préciseront encore qu'il s'agit bien en l'affaire de préserver aussi une exceptionnalité française issue de la Révolution et qui lutte pour sa part contre l'invasion d'un modèle américain. Le premier reconstruit en effet une typologie désormais familière et qui inscrit jusque dans sa typographie l'opposition entre la grandeur majuscule propre à l'expérience française et un communautarisme somme toute méprisable : « En République, chacun se définit comme citoyen. [...] En démocratie, chacun se définit par sa « communauté ». [...] Une République n'a pas de maires noirs, de sénateurs jaunes, de ministres juifs ou de proviseurs athées. C'est une démocratie qui a des gouverneurs noirs, des maires blancs, des sénateurs mormons. Concitoyen n'est pas coreligionnaire » (*Le Nouvel Observateur*, 30 novembre 1989). Refusant quant à lui peut-être cette sorte de dépréciation sémantique et politique de la démocratie, Alain Finkielkraut vise toutefois le même principe et un repoussoir identique : « La classe est un lieu abstrait qu'il ne faut pas transformer en juxtaposition de communautés. [...] La figure française de la démocratie, c'est la République. Ce n'est pas le modèle anglo-saxon. Il faut défendre cette figure parce que je crois qu'il y a une supériorité de ce modèle d'intégration sur celui qui prévaut en Amérique ou en Angleterre » (*Libération*, 7 novembre 1989). Commentant ce dossier qu'il reconstitue avec précision, Pierre Birnbaum en cerne l'objet et la difficulté : « Tout comme l'affaire Dreyfus avant elle, l'affaire des foulards dramatise de manière inattendue la question de l'identité française en brouillant, tout comme elle, les pistes ainsi que les enjeux » [13, p. 296].

Qu'il faille à Régis Debray évoquer les ardeurs viriles du républicain et les qualités « féminines » du démocrate pour réveiller les mânes de ses héros, voilà qui attesterait peut-être une paradoxale fragilité de sa République, comme le lui fera remarquer en souriant Lionel Jospin, ajoutant en fin connaisseur de l'histoire de la gauche française qu'il est des situations où l'on risque de partir « du côté de Robespierre et de Saint-Just pour terminer du côté de Robert Lacoste et de Max Lejeune » (*Le Débat*, janvier-février 1990, n° 19, p. 16). D'un autre point de vue, ainsi que le note cette fois Jacques Le Goff, si le pamphlétaire a l'art des formules lorsqu'il affirme que « la démocratie, c'est ce qui reste d'une république lorsque l'on éteint les lumières », il demeure que les mots ont un sens, renvoyant ici l'un des symboles les plus puissants du combat pour la liberté vers l'obscurantisme, et surtout qu'il arrive aux républicains de pratiquer une « ignorance volontaire de l'histoire » (*ibidem*, p. 30). « Derrière le foulard, l'histoire » : en l'occurrence, le manifeste des cinq et les explications de son porte-parole donnent au médiéviste le sentiment de reposer à la fois « sur des refoulements historiques et un programme idéologique et politique ». S'agissant des premiers, Jacques Le Goff rappelle qu'à tout prendre les batailles laïques du début du siècle se conduisaient au nom de la tolérance, lorsque c'était à l'école et non aux écoliers que l'on demandait une neutralité en matière religieuse inconnue des établissements confessionnels. Quant au second, il repose sur l'identité rapidement construite et jamais questionnée entre l'État, la république et la raison. S'il est évident en effet que l'histoire française a vécu depuis le XIIIe siècle d'une relation d'intimité entre l'État et la raison, elle n'est pas étrangère à l'invention du fruit vénéneux de ce concubinage : la raison d'État. En ce sens, croire de principe que la République est par nature exempte de toute tentation d'une telle figure, c'est aussi oublier que la référence à la raison « a commis plus de crimes et fait plus de morts dans l'histoire que toute référence à la démocratie et au pluralisme ». Manière de dire cette fois qu'il peut advenir qu'en de vains combats au nom du progrès, l'on court le risque d'apparaître comme « le Bonald ou le Joseph de Maistre de la laïcité et de ses fondements théoriques ».

Décidément, en France, toute discussion un peu vive touchant à l'identité repasse à l'envers le film de son histoire, mobilisant à l'envi les événements et les noms comme stéréotypes de la trahison ou de l'honneur, pour remonter vers deux ou trois moments chargés de symboles. Sur cette question, la période décisive est celle où la République a transporté sur le terrain de l'éducation la bataille qui semblait en voie d'être gagnée sur le plan politique, afin d'assurer sa victoire à long terme par la conquête des esprits. La loi Ferry sur l'enseignement primaire obligatoire et gratuit a été parfaitement préparée par le discours de son auteur à la salle Molière dès avril 1870. Ici, en effet, Jules Ferry renouait déjà tous les fils de l'imaginaire républicain. Rendant hommage à Condorcet, il rétablissait la continuité entre l'œuvre annoncée de la République et l'héritage de la Révolution, invoquant une figure d'humaniste et de savant irréprochable du point de vue des libertés formelles de 1789, sans être tout à fait étrangère au projet de leur dépassement. Mieux encore, il dessinait sous cette tutelle les contours de la synthèse républicaine entre le principe d'égalité issu de la pensée des droits de l'homme et un idéal du savoir emprunté au positivisme, même s'il ne s'interdisait pas d'évoquer à l'occasion le modèle de la « libre et républicaine Amérique » ou d'inviter ses auditeurs à lire John Stuart Mill [46, p. 70]. En ce sens, comme le montre Pierre Rosanvallon, 1882 n'est pas seulement une date essentielle de l'histoire de l'instruction publique, dans laquelle s'achève l'entreprise inaugurée par Guizot en 1833, mais aussi un moment clé de l'histoire de la démocratie française, qui doit être relié à 1848 et à la problématique du suffrage universel. Plus précisément même, l'instauration de la scolarité gratuite et obligatoire apparaît alors assurer la « réconciliation du nombre et de la raison » laissée pendant par la Révolution, tout en accordant le temps de la démocratie et celui de l'histoire, dans une perspective où « il n'y a plus de retard à combler, ou de prématurité à supporter » [139, p. 369].

On sait pourtant que durant les dernières années du siècle se déploie un travail plus ou moins sourd encore contre des fantômes du passé et qu'il viendra éclore au grand jour dans les discussions sur la séparation de l'Église et de l'État, puis la bataille des inventaires. L'intelligence d'un tel phénomène oblige à revenir une dernière fois sur le premier théâtre de la modernité française, afin de comprendre comment l'ambivalence de la Révolution vis-à-vis de la liberté religieuse peut conduire à une sorte de capture de l'imaginaire universaliste dans l'idée d'un arrachement des consciences à l'influence de la religion. Sur le plan large d'une symbolique du pouvoir dans le moment d'une conscience historique de la rupture, Philippe Boutry décrit parfaitement la chaîne régressive au travers de laquelle la Révolution déchire à jamais « le lien qui unissait jusqu'alors l'organisation de la cité des hommes à la cité matricielle de Dieu » [21, p. 209]. Guillotinant Louis XVI le 21 janvier 1793, la Révolution parachève en effet son parcours en tuant le corps naturel du roi par une décision volontaire de la nation, mouvement préparé dès la proclamation de la République une et indivisible le 21 septembre 1792 et même l'élaboration de la Constitution en 1790, puisque celle-ci esquissait déjà la coupure de la chaîne des temps et la dislocation du corps mystique du royaume. Césure décisive dans l'histoire des représentations du pouvoir telle qu'elle peut se construire à partir des travaux d'Ernst Kantorowicz, le régicide abolit ainsi la représentation de la société comme un corps incarné dans la personne royale. À quoi il faut ajouter avec Michael Walzer que la différence entre les versions anglaise puis française du régicide et celles que livrait depuis des lustres la « triste chronique de la mort des rois » dont parle Shakespeare tient dans le fait que les premières visent à assurer l'éradication du passé même de la monarchie, pour fonder une nouvelle instance du pouvoir [166, chap. 1]. Reste enfin que, sans doute, la spécificité française la plus étroite réside encore en cela que c'est la religion elle-même qui apparaît en cause dans cette opération de rupture, sur fond d'une étroite imbrication passée de l'Église et du pouvoir royal.

À regarder de près les discussions révolutionnaires à propos de la religion telles qu'elles se focalisent une première fois en août 1789 dans l'élaboration de l'article 10 de la Déclaration des droits, on constate pourtant une relative modération de ton qui aboutira à l'élaboration d'une étrange formule. Par un clin d'œil de l'histoire, c'est le samedi 22 que l'ordre du jour appelle la question, dans un contexte où elle apparaît en complément des lois pénales. Le parti religieux demande alors la poursuite du débat le lendemain, tandis que les patriotes réclament l'ajournement au lundi, craignant que le repos dominical n'entraîne une démobilisation. *Les Nouvelles Éphémérides de l'Assemblée nationale* notent même que Mirabeau excite « un murmure universel » en remarquant que « c'est demain l'anniversaire du massacre de la Saint-Barthélemy » [cité in 57, p. 168]. Sur le déroulement même de la séance qui aura effectivement lieu le dimanche 23 août, le *Journal des états généraux* prévient qu'il est impossible de suivre exactement le déroulement des opérations, tant le désordre domine. Deux choses, au fond, sont en cause. La première concerne le fait de savoir si l'on peut simplement dire, comme le propose Castellane, que « nul ne peut être inquiété pour ses opinions religieuses », ou s'il faut revenir à la proposition du sixième bureau, qui ne pose la liberté de conscience qu'en complément de la nécessité sociale d'un culte public : « Tout citoyen qui ne trouble pas le culte établi ne doit point être inquiété. » Quant à la seconde, elle vise le statut même de l'opinion religieuse parmi les autres et l'idée selon laquelle sa nature particulière pourrait requérir une différence entre la liberté de penser et celle de manifester des pensées peut-être dangereuses. Ici, face à Virieu et Mounier qui évoquent le trouble envers l'État que peut entraîner la diversité des cultes, c'est Rabaut Saint-Étienne qui porte l'offensive : « Tout homme est libre dans ses opinions ; tout citoyen a le droit de professer librement son culte et nul ne peut être inquiété à cause de sa religion. »

Le fait que Rabaut Saint-Étienne parle ici comme témoin de la communauté protestante et en pouvant se prévaloir de son rôle dans l'élaboration de l'Édit de tolérance de 1787 est hautement significatif. Avec Mirabeau, il voit un piège dans la manière dont on veut faire du culte un objet de « police extérieure » qui devrait être réglé par la société et il n'hésite pas à critiquer l'idée même de tolérance. Évoquant ainsi la manière dont la patrie est encore « une marâtre pour les protestants » et affirmant que le mot d'intolérance doit être banni à jamais, il ajoute en effet : « Ce n'est pas la tolérance que je réclame ; ce mot emporte une idée de compassion qui avilit l'homme ; je réclame la liberté qui doit être une pour tout le monde. » Dans ce propos doublement iconoclaste contre l'une des grandes idées du temps et l'usage biaisé qui risque d'en être fait, il a été précédé de quelques heures par Mirabeau, qui déclarait quant à lui dès le samedi soir : « Je ne viens pas prêcher la tolérance. La liberté illimitée de religion est à mes yeux un droit si sacré, que le mot "tolérance", qui essaie de l'exprimer, me paraît en quelque sorte tyrannique lui-même, puisque l'existence de l'autorité qui a le pouvoir de tolérer attente à la liberté de penser par cela même qu'elle tolère, et qu'ainsi elle pourrait ne pas tolérer. » Rabaut réclamant contre la religion dominante la liberté pour le peuple toujours proscrit et errant que sont les Juifs, Mirabeau objectant contre la conception du culte comme objet de police au nom d'un « devoir de religion », Castellane peut alors reformuler son principe sous la règle d'or qui impose de ne pas faire à autrui ce que l'on ne voudrait pas qu'il vous fasse, précisant au passage que les guerres de religion procédaient moins de la diversité conflictuelle des opinions que de « l'ambition des chefs qui ont profité du fanatisme et de l'ignorance des peuples pour ensanglanter la terre ».

L'élément le plus singulier de cette discussion reste toutefois dans sa conclusion et une rédaction définitive de l'article 10 grevée du poids d'un adverbe dont toute la charge d'ambiguïté rayonne jusqu'à nos jours : « Nul ne doit être inquiété pour ses opinions *même* religieuses, pourvu que leur manifestation ne trouble pas l'ordre public établi par la loi. » L'étonnement croît encore lorsque l'on songe que cette formule restrictive, qui condense admirablement l'imaginaire français moderne vis-à-vis de la religion tout en sanctionnant pour l'heure « à une grande pluralité » le rapport de forces défavorable à Rabaut Saint-Étienne ou Mirabeau, n'appartient précisément à personne et demeure à jamais pour l'histoire le fait d'un anonyme dont le *Courrier de Provence* note seulement qu'il était « voisin de M. d'Épresmenil ». Que nul ne puisse revendiquer la paternité de ce mot décisif, voilà qui en dit long sur la façon dont il ne fait que différer la résolution du conflit qu'il aborde et invente largement, par sa manière d'accentuer l'orientation antireligieuse des

Lumières françaises. Alors qu'aucune des autres questions relatives à la Déclaration des droits de l'homme ne devait entraîner de telles déchirures et tandis qu'elles étaient inimaginables à ce propos dans les discussions américaines contemporaines, on peut penser avec Marcel Gauchet que « le dimanche 23 août 1789, la Révolution a rencontré l'un des problèmes insolubles où elle allait se perdre, de Constitution civile du clergé en culte de l'Être suprême, entre liberté privée et institution publique, entre passion irréligieuse et sentiment de la nécessité du religieux » [57, p. 174].

Un bref regard sur l'élaboration de la Constitution civile du clergé un an plus tard confirme ce diagnostic. Ici, c'est Camus qui donne le ton et impose l'ambiance, par une déclaration propre à terrifier ceux qui se méfiaient de l'idée de tolérance, mais qui explicite l'un des sens de l'adverbe déposé dans l'article 10 : « Nous sommes une convention nationale ; nous avons assurément le pouvoir de changer la religion ; mais nous ne le ferons pas ; nous ne pourrions l'abandonner sans crime » (1er juin 1790). À l'évidence, le conventionnel fait alors passer un frisson dont se souviendra longtemps la culture politique française, après que la Constitution civile sera devenue le symbole du divorce entre la Révolution et la tradition catholique. Lorsqu'il analyse l'événement, François Furet insiste sur son caractère paradoxal, lié à ce qui ressemble déjà à une fatigue de la Révolution, obsédée par la question de son pouvoir, face à un catholicisme lui-même « épuisé, asservi, presque laïcisé » [51, p. 557]. À tout prendre, les promoteurs du texte ne sont pas des anticléricaux acharnés à détruire le pouvoir de l'Église et Michelet leur reprochera même la timidité spirituelle qui les empêche d'imaginer ce que suggère Camus : l'invention d'une véritable religion de la Révolution. Quant à l'orientation du projet, elle n'est pas immédiatement destinée à provoquer le schisme avec une Église depuis longtemps habituée par la monarchie à « la rude prépondérance du pouvoir politique ». Elle consiste en effet à simplement aligner l'ordre religieux sur l'ordre civil, en calquant l'édifice de l'Église sur celui de l'État, afin de résoudre en même temps la question interne de leurs rapports et celle de la relation entre l'Église et la papauté. Fallait-il admettre que le pouvoir temporel règle la question du choix des prêtres ou des évêques ? Pouvait-on imaginer que l'Église revienne à une tradition de ses origines en acceptant l'élection des membres du clergé ? Il y avait là matière à débat, mais pas nécessairement peut-être pour une déchirure irréversible.

C'est alors la manœuvre des opposants les

plus déterminés au texte qui ouvre la boîte de Pandore, en suggérant déjà que l'on veut moins faire payer à l'Église la religion elle-même que sa collusion avec l'ordre ancien. À elle seule, cette idée commence d'étendre à l'organisation de l'Église la « malédiction portée par la Révolution sur l'Ancien Régime », ce que confirme à partir du début 1791 la résistance au serment. Avec ce phénomène en effet, non seulement la Révolution rencontre ses premières difficultés sur le plan le plus intime de la vie sociale des Français dans les paroisses, mais elle transforme définitivement en retour la question religieuse en problème politique, renouant avec la monarchie absolue dans sa volonté de faire de l'Église un corps subordonné à l'État. En un sens donc, tout est joué au printemps 1791. D'un côté, la géographie du refus des prêtres de se soumettre au serment coïncidera pendant plus d'un siècle avec la carte des pratiques religieuses, tandis que la tradition catholique sera un réservoir d'idées et de passions antirévolutionnaires plus durable et plus profond que la fidélité monarchique elle-même. Face à elle pendant le même temps, la culture révolutionnaire pour sa part confirmera de jour en jour une dimension anticatholique que l'on peut juger « pleine de l'intolérance de l'esprit catholique » [*ibidem*, p. 561]. Pendant ses dernières années, la Révolution ne saura guère comment traiter la question religieuse, oscillant entre diverses attitudes. Par l'une, il s'agit de concevoir un culte de remplacement, visant la Raison ou l'Être suprême, et hésitant à son tour entre une sorte de renversement carnavalesque des cérémonies catholiques et la célébration de la Nature ou du Grand Ordonnateur. Reste pourtant que certains, comme Robespierre, estimeront aussi préférable de mettre un terme à la déchristianisation, comme pour lier sans doute le destin de la Révolution à une remise en ordre des idées morales et religieuses. De Michelet à Quinet, les historiens du XIXe siècle seront particulièrement sévères envers cette indécision. Pour le premier, elle atteste l'un des plus profonds échecs d'une œuvre immense : « Le malheur de la Révolution, c'est de n'avoir pas su qu'elle portait en elle-même une religion. On l'a trouvée audacieuse. Mais elle était humble » [105, II, p. 223]. Quant à Quinet, il s'indigne devant le rétablissement de la liberté des cultes, estimant : « Ce jour-là, Robespierre et ceux du Salut public eurent la gloire de sauver la contre-révolution et de la déclarer inviolable, ce jour-là ils firent plus pour l'ancienne religion que les saints Dominique et Torquemada » [cité in 117, p. 608].

Tout porte donc à penser que la Révolution

a rencontré dans la question religieuse son aporie et qu'elle livre avec elle au siècle qui vient la part la plus obscure de son héritage. Pour une part, les rêves d'invention d'une religion de substitution contribueront à donner une forme ambiguë à quelques-unes des principales doctrines du progrès, ce dont témoignerait de façon exemplaire le *Catéchisme positiviste* d'Auguste Comte. D'une autre manière, le souvenir des événements qui ont associé le monde catholique à la résistance du passé de l'Ancien Régime pourra longtemps nourrir un anticléricalisme qui se retrouve quelques racines dans les Lumières et se découvre des adversaires privilégiés chez les jésuites, puis dans les congrégations [126, chap. 4]. Mais dans une perspective historique plus large, on peut surtout retenir que sa législation la plus claire a parfaitement illustré la thèse de Tocqueville sur la continuité paradoxale. Avec la Constitution civile du clergé en effet, la Révolution a parachevé au moment même de sa rupture avec elle l'œuvre de l'absolutisme : en assurant la subordination du religieux au politique, au point que l'on peut écrire avec Marcel Gauchet que sur ce point, plus explicitement encore que pour bien d'autres, « l'entreprise révolutionnaire a consisté à sortir le papillon étatique de la chrysalide royale » [59, p. 36]. Le problème du XIXe siècle est alors d'affronter la double prégnance d'un absolutisme monarchique puis révolutionnaire qui ne peut concevoir de religion que soumise à l'État et d'une tradition catholique qui ne s'imagine pour sa part d'autre rôle que celui d'une autorité sociale exerçant son magistère dans la vie publique. Cristallisé dans le compromis du Concordat de 1801, cet héritage duel rendra particulièrement lent et douloureux en France l'avènement d'une société libérale, qui requiert la dissociation des sphères publiques et civiles, dans un mouvement supposant à son tour le glissement d'une relation verticale de subordination du religieux au politique vers une séparation horizontale de l'Église et de l'État.

Si l'on reprend la question au moment où ce phénomène se prépare, il faut, comme y invite Marcel Gauchet, le replacer non seulement dans la continuité des lois scolaires de 1881-1882, mais aussi dans l'ensemble du dispositif par lequel s'opère une difficile reconnaissance de la pluralité sociale au sein de la société civile, avec la loi de 1884 sur les syndicats et celle de 1901 concernant les associations. À première vue, la loi de 1905 s'élabore dans le tumulte d'un conflit exacerbé entre le traditionalisme théocratique et l'athéisme militant, sur fond d'antagonisme immédiat entre une Église qui est encore celle du *Syllabus* de

1864 puis de l'infaillibilité pontificale proclamée en 1870 et une République qui vient de traverser l'épreuve de l'affaire Dreyfus. Mais au fond, le problème qu'elle affronte est celui que la Révolution a ouvert sans que le XIXe siècle parvienne à le résoudre et il se situe sur « le terrain de la signification métaphysique de la liberté politique, de la puissance des hommes de décider collectivement de leur destin » [59, p. 53]. Autrement dit, la République hérite tardivement d'une question dont Rousseau avait décrit la forme pour les sociétés modernes en général, comme celle d'une nécessaire alliance entre la liberté de chacun et la souveraineté de tous. Mais elle ne peut plus désormais l'aborder que dans un cadre forgé par l'opposition entre la prétention à l'universel d'un catholicisme que n'ont guère entamé ni jadis la Réforme ni plus récemment une adaptation aux temps nouveaux et un universalisme laïc qui emprunte sans doute quelque chose de l'esprit de son adversaire, en sorte qu'il devient tout particulièrement difficile de penser le pouvoir « quand il est admis que la seule liberté qui vaille est celle qui délivre le genre humain des chaînes du ciel » [*ibidem*, p. 56].

Que la forme authentique de la liberté s'apparente à une émancipation des individus vis-à-vis de l'étreinte du ciel, voilà ce qui persiste à faire de la République une forme spécifiquement française de la démocratie moderne, selon une formule que tente de contenir l'un de ses mots fétiche et presque intraduisible : laïcité. Étrangement, ce terme fédérateur des différentes variantes du combat contre les valeurs religieuses est emprunté au vocabulaire du latin ecclésiastique. Mais lorsqu'il entre dans le lexique politique à la fin du XIXe siècle, c'est pour osciller entre deux perspectives qui n'en finissent pas de s'entrecroiser jusqu'à nos jours. Sur la première, il veut désigner une tâche mal engagée par la Révolution et délaissée par les régimes qui l'ont suivie : celle d'une distinction des ordres entre le religieux et le politique, qui doit conduire au retrait des croyances dans la sphère privée et au respect de la liberté des cultes. Selon un sens qui se réduit alors pratiquement à la séparation de l'Église et de l'État, la laïcité invite ainsi l'une à délaisser ses prétentions temporelles, tandis que l'autre renoncerait à toute tentation de maîtrise des domaines de la foi, ce qui devrait dessiner pour la France une trajectoire destinée à lui faire rejoindre les pays où la Réforme a depuis longtemps déjà desserré l'étreinte. Il reste que cette notion si l'on veut libérale de la laïcité a toujours cohabité avec celle qu'il faudrait peut-être nommer absolutiste, dans la mesure où elle semble emprunter son modèle à l'ancienne soumission de la religion au pouvoir, pour retourner la forme dogmatique du catholicisme dans un combat contre les idées religieuses en tant que telles. Avec elle en effet, la question n'est plus tant de reloger les croyances dans le for intérieur en réaménageant l'espace social à cette fin, que d'arracher les consciences à l'influence de représentations jugées radicalement contradictoires avec la raison et l'autonomie.

Le premier de ces points de vue paraît être celui qui l'emporte lors des deux moments décisifs de l'histoire de la laïcité que représente le vote des lois de 1882 puis 1905, dans une logique de compromis politique. À tout seigneur tout honneur, c'est sans doute Jules Ferry qui décrit le mieux par avance la forme de ce compromis, dans son discours du 3 juin 1876 à la Chambre des députés, face à Albert de Mun qui défend les « droits supérieurs de l'Église » et devant une gauche qui frémit encore du mot de Gambetta : « le cléricalisme, voilà l'ennemi ». Ici, Ferry voit l'affrontement redoutable entre « [deux] France qui se regardent, qui ne se comprennent plus, qui sont même prêtes à se combattre » [46, p. 354]. Au regard de la « passion maîtresse » qui menace de déchirer le pays, c'est donc une véritable bombe qu'il se propose de désamorcer, en construisant une distinction entre l'anticléricalisme et l'hostilité à la religion. Sa justification du premier passe par la considération du fait que, « pendant le temps de nos désastres », c'est un catholicisme nouveau qui est né, menaçant désormais non seulement les conquêtes de la Révolution, mais aussi les « défenses dressées et accumulées par la sagesse de la monarchie française contre les empiétements de l'Église catholique ». Visant alors le *Syllabus* qu'il citera bientôt, il résume l'objet de son attaque : « Sur les ruines du césarisme temporel qui venait de succomber, un césarisme intellectuel s'offrait à la France et au monde, comme la solution vainement et longuement poursuivie ! » S'agissant alors d'un débat sur la liberté de l'enseignement supérieur, il s'attache à priver ses adversaires de l'argument libéral, en montrant qu'ils ne revendiquent pas tant « une liberté de l'ordre civil et politique » que véritablement « un droit mystique, un droit primordial qui appartiendrait à l'enseignement chrétien de ne relever d'aucune autre autorité dans ce monde que du Saint-Siège » [*ibidem*, p. 365].

Il reste qu'après avoir précisé que les termes du conflit sont bien le droit de l'État et le droit de l'Église sur l'enseignement, puis que les prétentions de cette dernière relèvent du pouvoir plutôt que des libertés individuelles, Ferry prend la peine de démontrer que sa thèse n'est pas celle du monopole. Mieux encore, revenant à l'histoire pour indiquer que le monopole universitaire n'est issu ni de la « vieille monarchie » ni de la Révolution, mais du « despotisme de l'Empire », il cite Tocqueville afin de plaider sa thèse : la restriction du rôle de « l'État laïque » au contrôle des grades, pour les arracher au jeu du marché ou des opinions. Affirmant alors prononcer « ce mot d'État laïque » sans le tremblement que semblent avoir ceux qui lui trouvent une saveur « radicale, anarchique et révolutionnaire », il retourne son argumentation vers l'idée selon laquelle c'est après tout l'Église qui l'a inventé avant de l'oublier. Toute la subtilité du compromis qu'il esquisse pour les lois laïques repose alors sur sa manière de définir leur principe, en invitant ses adversaires à revenir vers leurs propres sources : « Oui, le christianisme a introduit dans le monde la doctrine de la séparation des deux domaines, le domaine de l'État et celui de la conscience, le temporel et le spirituel ; il y a réussi en plein paganisme, après plusieurs siècles de lutte. Cependant, il y a un reproche à lui faire, c'est qu'après avoir mis quatre ou cinq siècles à l'introduire, l'Église en a mis sept ou huit à le battre en brèche » [*ibidem*, p. 372]. Une telle analyse permettra à Ferry d'affirmer par ses interventions des années 1880-1882 une modération qui n'a plus besoin de l'anticléricalisme pour justifier son absence de passion antireligieuse : la laïcité scolaire n'est que l'expression d'une « sécularisation des institutions » que la Révolution avait promue dans l'ordre de la famille avec le mariage civil (Chambre des députés, 23 décembre 1880) ; la séparation entre la religion et l'école ne fera pas dépérir la morale au sein de l'école ; délivrés du reproche d'avoir créé « l'école sans Dieu », les instituteurs n'auront pas à enseigner une théorie sur les fondements de la morale, « mais la bonne vieille morale de nos pères, la nôtre, la vôtre, car nous n'en avons qu'une... » (Sénat, 10 juin 1881).

Cette volonté de compromis et d'équilibre semble se confirmer dans les deux premiers articles de la loi de séparation : « La République assure la liberté de conscience. Elle garantit le libre exercice des cultes, sous les seules restrictions édictées [...] dans l'intérêt de l'ordre public » ; « La République ne reconnaît, ne salarie ni ne subventionne aucun culte. » Mais c'est sans doute dans les déclarations de son rapporteur que l'on reconnaît le mieux l'esprit de Ferry, son mélange caractéristique d'une hantise des conflits propres à la France et d'un libéralisme à son tour proprement français. Dans son intervention à la Chambre des députés du 6 avril 1905, Briand affirme en effet : « J'ai horreur de la guerre religieuse. Le succès de mes idées, leur réalisation dépendent trop de la pacification des esprits pour que je ne désire pas voir l'Église s'accommoder du régime nouveau. » Quant à son rapport sur la loi elle-même, il veut montrer que le nouveau régime des cultes est susceptible de « rassurer la susceptibilité éveillée des "fidèles", en proclamant solennellement que non seulement la République ne saurait opprimer les consciences ou gêner dans ses formes multiples l'expression extérieure des sentiments religieux, mais encore qu'elle entend respecter et faire respecter la liberté de conscience et la liberté de culte ». C'est enfin le message que transmet Jaurès à ses électeurs dans son compte rendu des débats : « La loi que la Chambre a votée laisse la liberté à *tous* les cultes. [...] La liberté de conscience sera garantie, complète, absolue ; la loi de séparation, telle qu'elle est, est libérale, juste et sage. » Il reste cependant que la forme même de ce compromis devait laisser insatisfaits les extrémistes des deux camps, en gardant ouverte la source de futurs conflits. Libérale aux yeux de Jaurès, la loi de séparation avait pour défaut chez les partisans d'une laïcité de combat sa manière de prendre acte du pluralisme religieux et d'asseoir la liberté des cultes. Symétriquement, parce qu'elle relevait d'un acte unilatéral de puissance publique qui rompait le contrat établi par le Concordat, elle entraînerait la condamnation de Pie X et rencontrerait l'hostilité d'une grande part des catholiques.

Faute de pouvoir suivre les traces d'un antagonisme qui n'est pas encore refermé et avant de voir resurgir la laïcité combattante dans des débats récents, on peut prendre le temps de chercher à saisir les effets de sa version modérée dans l'expérience intime de la société française, durant la période décisive de l'enracinement de la République. On sait qu'après avoir construit le compromis des lois scolaires, Jules Ferry a cherché à le traduire dans ses adresses aux instituteurs et plus particulièrement sa célèbre lettre de novembre 1883. Dans un contexte où la pression est forte en faveur d'une véritable direction des esprits par une sorte de religion civile qui renouerait avec les tentatives de la Révolution, Ferry insiste sur le caractère finalement limité de leur rôle en matière d'éducation morale. De manière symptomatique, c'est en usant des catégories de la théologie chrétienne qu'il plaide cette retenue : « Quand on vous parle de mission et d'apostolat, vous n'allez point vous y méprendre ; vous n'êtes point l'apôtre d'un nouvel Évangile ; le législateur n'a voulu faire de vous ni un philosophe ni un théologien improvisé. » Puis, évoquant les simples vertus de l'exemple et le souci d'allier la fermeté dans l'exposition de la morale commune avec la réserve qui doit interdire de blesser les sentiments religieux, il lance la formule qui fait couler aujourd'hui toutes les larmes de la nostalgie : « Au moment de proposer aux élèves un précepte, une maxime quelconque, demandez-vous s'il se trouve à votre connaissance un seul honnête homme qui puisse être froissé de ce que vous allez dire. Demandez-vous si un père de famille, je dis un seul, présent à votre classe et vous écoutant, pourrait de bonne foi refuser son assentiment à ce qu'il vous entendrait dire » [47].

On sait qu'à l'évidence, l'école a été de 1880 à la Grande Guerre le terrain sur lequel la République a véritablement gagné la bataille de son enracinement, en cherchant à limiter un double mouvement centrifuge : celui des paysans ou des femmes, qui semblaient encore retenus dans un monde ancien dominé par l'Église ; puis celui des ouvriers, qui pouvaient être tentés de la fuir pour une version plus incandescente du moderne et les attraits d'une nouvelle révolution. Pour nombre d'historiens comme Claude Nicolet, c'est dans ce domaine où se déploie son œuvre morale et pédagogique qu'elle a compensé le défaut de sa politique, pour acquérir plus que sa légitimité et la place d'honneur dans l'histoire française : le titre glorieux du seul régime qui « assure et garantisse à tous la pleine liberté de conscience et la pleine liberté d'expression, y compris pour ceux qui cherchent à la modifier ou à la détruire » [107, p. 503-504]. L'auteur de *L'idée républicaine* admet en effet que la république politique a pu se donner parfois des allures religieuses ou mystiques, les formes d'un exclusivisme aux conséquences bien décrites par Odile Rudelle : l'interdiction à long terme d'une alternance favorable au compromis entre un parti « radical » et un parti « conservateur » [143, p. 279 sq]. Mais c'est pour montrer aussitôt que si la République « emprunte au sacré, voire au divin, ses mots, et peut-être plus que ses mots », elle avait effectivement d'authentiques adversaires, « après quinze siècles de catholicité toute-puissante » et un long passé de hiérarchies et de castes, en sorte qu'il lui fallait opérer une « révolution permanente » pour abolir « dans les esprits de tous et de chacun ces éternels ennemis » : « le recours à la transcendance, l'acceptation des vérités toutes faites, l'égoïsme des intérêts » [107, p. 498]. À ses yeux donc, il n'existe pas de contradiction entre la réalité de la République en tant que régime le plus favorable à la liberté et une idée de laïcité comme « ascèse individuelle » ou « conquête de soi sur soi-même » dont Ferdinand Buisson affirmait pourtant qu'elle cesse au moment même où l'on renonce à être un libre-penseur.

Ce sont alors les formes précises et la nature exacte de cette « république intérieure » que l'on peut tenter de déchiffrer dans l'univers intime de ses plus fervents partisans et ardents bâtisseurs. Pour effectuer ce précieux travail, Mona et Jacques Ozouf ont bénéficié d'une extraordinaire occasion de remonter la chaîne des temps : la possibilité d'exploiter à l'aube de la dernière décennie du siècle les réponses substantielles qu'avaient apportées près de quatre mille instituteurs au début des années soixante à un questionnaire sur leur existence, leurs idées, leurs espoirs et leurs craintes avant 1914 [115]. Déjà présenté par l'un d'entre eux [114] sous forme de florilège et à la veille d'un printemps qui voudrait définitivement démoder son image de la république, ce dossier foisonnant permet mieux que tout autre d'en préciser les contours, au moment où elle suscite devant nous tant d'attentions lacrymales. Non sans tendresse pour les femmes et les hommes qu'ils font revivre comme l'on construit un arbre généalogique en feuilletant les archives de la famille, Mona et Jacques Ozouf corrigent en effet bien des idées rapides et dessinent un portrait infiniment nuancé des « hussards noirs de la République ». Que n'a-t-on dit en effet des instituteurs de « la laïque », si souvent décrits au travers de métaphores militaires ou religieuses. Hussards, bien sûr, mais aussi fantassins comme ils le seront bientôt à la guerre, détenteurs d'un véritable apostolat ou d'un sacerdoce, on les imagine sous les traits d'éternels contestataires que Thiers fustigeait comme « petits rhéteurs », ou plus simplement en agents électoraux d'une politique de clochers ou de préaux qui portent le combat d'une république militante, voire encore tels des « utopistes séduits par le passage à la limite » [115, p. 110].

Sous les stéréotypes qui réveillent aujourd'hui les mânes d'un Péguy pour opposer à l'insigniance du contemporain l'éclat d'un âge d'or, l'enquête permet de découvrir une figure des instituteurs républicains beaucoup plus contrastée. S'agissant d'une époque qui ignore les sondages d'opinion, on peut tout d'abord les imaginer davantage concernés par la politique que la moyenne de leurs contemporains. Mais, si leurs réponses attestent chez la moitié d'entre eux un intérêt vif ou réel pour la chose publique, ils sont peu nombreux à témoigner d'un attachement partisan et seuls quelques-uns rapportent avoir eu des activités militantes. Même corrigé des effets de la discrétion qui sied sans doute encore dans leur esprit à ces questions, ce constat permet finalement de penser que « hussards, fantassins, apôtres et zélotes forment donc en réalité une cohorte individualiste, farouchement rebelle à l'enrôlement » [*ibidem*, p. 113]. Certes, ils sont d'évidence majoritairement à gauche, mais ils semblent étendre à la politique elle-même l'idéal de retenue d'une laïcité déjà transmise par leurs aînés, comme l'expose l'un d'entre eux : « Mes maîtres de l'école primaire et de l'école normale étaient certainement des laïcs, mais ils ont toujours été très discrets sur les questions politiques ou religieuses. Ils m'ont pourtant fait aimer Victor Hugo, défenseur de la liberté et de la Révolution française. Ils devaient admirer Danton plus que Robespierre et je crois que j'aurais été girondin si j'avais vécu à la Révolution. » Autrement dit, comme le faisaient Michelet ou Jaurès, ils sont sans doute nombreux à s'être reconstruit le théâtre de la Révolution pour se définir une attitude ; mais leur attachement à la République relève moins d'un combat en vue du dépassement de 89 ou de l'achèvement de 93 que d'une simple fidélité au camp du progrès, comme « un engagement qui ne mérite pas son nom, une politesse élémentaire qui va sans dire » [*ibidem*, p. 116].

Au travers de cette gratitude envers un régime qui a permis à la plupart d'entre eux de se hisser dans l'échelle sociale, la République apparaît surtout comme le lieu où nul statut n'est fixé à l'avance, l'espace dans lequel les hiérarchies peuvent à tout moment être remaniées, un monde pour lequel nul individu n'est irremplaçable et ne peut s'identifier durablement avec le pouvoir. Fraternité, égalité, telles sont les valeurs qui poussent certains à se déclarer naturellement socialistes, tandis que cependant les femmes souffrent tout particulièrement dans ce milieu du décalage entre leur éducation, leur culture ou leurs responsabilités et l'exclusion du droit de vote. Reste enfin à saisir comment cette population que l'on dira faite de « démobilisés chroniques » fournira sans coup férir son lot de soldats et de sous-officiers à la guerre. On les croit volontiers pacifistes, immunisés contre le discours de la revanche par le syndicalisme ou le socialisme : les voici souvent patriotes, mieux conscients souvent que bien d'autres du caractère inéluctable d'un conflit, prêts enfin à y assumer leur rôle. C'est sans doute sur ce point, comme bientôt à propos de la religion, que l'on découvre aussi les bigarrures de ce monde, également traversé des fines déchirures de la sensibilité française et par les souvenirs différenciés de blessures récentes. À la veille de 1914, les formes du patriotisme sont en effet dissemblables aux frontières de l'Est et dans le Midi, à Valenciennes ou à Brest. Mais la ligne de pente du rapport des instituteurs à cette question n'est au fond guère éloignée de celle d'un Jaurès : la France des droits de l'homme se doit d'épuiser au nom du pacifisme toutes les ressources de la négociation et du compromis ; pourtant, s'il le faut, elle prendra les armes pour défendre plus que son propre territoire, les valeurs mêmes de la liberté et de l'honneur.

Un regard sur leur Panthéon confirmerait d'ailleurs cette hypothèse : Jaurès y trône, juste devant Briand. Quant à leurs valeurs, ils les ont parfois reçues d'une tradition familiale et le plus souvent forgées dans les livres. Pour l'un qui hérite par son père des idéaux du XVIIIe siècle avec ses trois prénoms, Émile, Jean, Jacques, nombre d'autres situent la source de leur vocation dans les bibliothèques, là où triomphent cette fois Anatole France, Hugo et Zola. Le plus étonnant tient alors en cela que ceux dont Ferry voulait faire les « fils de 89 » semblent avoir un univers de référence « presque tout entier délié du passé » [*ibidem*, p. 167]. Si on les surprend parfois s'imaginant à la Convention, mais rarement aux côtés de Robespierre, ils paraissent finalement inclure la Révolution elle-même dans le refus d'associer l'autorité à l'ancienneté, intériorisant ainsi jusque dans leur relation à l'histoire l'idée rectrice de leur enseignement, selon laquelle

« l'école est le lieu où chaque individu peut croire appareiller à neuf ». Car telle est bien l'orientation fondamentale de leur expérience du monde : la seule tradition qui fasse autorité est la capacité de secouer l'autorité des traditions, comme s'il fallait inlassablement contester le surplomb vertical des héritages pour inventer puis structurer l'horizontalité démocratique. C'est alors dans ce cadre que se déploie leur rapport complexe à ce qui figure encore la tradition par excellence, à savoir la religion. Factuellement, ils sont peu nombreux aux deux extrémités du spectre. Une petite minorité de catholiques pratiquants d'un côté, qui racontent parfois le double mépris de la hiérarchie ecclésiastique et de l'administration, voire les lettres de dénonciation. Puis une cohorte mieux nourrie de libre-penseurs, qui présente toutefois d'innombrables nuances, de l'athéisme militant et prosélyte au rêve d'une religion de l'humanité.

Un regard plus précis sur le groupe central des instituteurs à ce sujet permet de voir que prédomine chez eux l'esprit propre à la lettre de Jules Ferry : loin du sectarisme que leur prête la presse conservatrice du début du siècle, mais aussi de l'intransigeance antireligieuse que semblent vouloir leur emprunter certains républicains d'aujourd'hui. Comme Ferry en son temps, ils sont d'autant plus volontiers anticléricaux qu'une nébuleuse d'incidents autour de la laïcisation des écoles congrégationnistes a réveillé les ardeurs, que l'affaire Dreyfus a souligné le rôle néfaste du « parti noir » et que certains, le plus souvent parmi les femmes, ont eu a subir un véritable ostracisme. Mais cet anticléricalisme qui offre souvent des allures de défense personnelle et professionnelle ne prend que très rarement la forme d'un athéisme farouche ou d'une hostilité franche au christianisme. Pour l'essentiel en effet, leur relation aux choses du ciel est bien régie par la maxime de Ferry : prudence dans l'expression de leurs propres convictions ; respect des croyances de ceux à qui ils s'adressent. À quoi s'ajoute bien sûr que ce terrain est le plus sensible aux spécificités locales, que les conflits sont relativement estompés dans les grandes villes, tandis qu'il arrive aussi qu'au village l'instituteur et le curé s'échangent en voisins le journal ou les livres, au point de susciter parfois l'inquiétude de l'évêché et de l'académie. De l'extrême complexité d'une réalité qui déjoue les images d'Épinal, on trouverait un admirable témoignage dans le récit d'un instituteur du Tarn-et-Garonne. Croirait-on qu'il s'imagine, en terres rurales, destiné à convertir les dernières troupes de l'Église, qu'il décrit chez les paysans de son canton des traces de paganisme antique, d'autant mieux compréhensibles à ses yeux qu'ils vivent au milieu des puissances mystérieuses de la nature. Quant à ses relations avec le curé dont on voudrait qu'il soit son irréductible ennemi, il les restitue au travers du conseil que ce dernier lui donne lors de sa visite : « Vous avez certes toute ma sympathie mais dans notre intérêt nous ne nous rencontrerons plus. Si on vous surprenait à entrer au presbytère, je perdrais tout prestige parmi mes fidèles ; ils feraient des démarches à l'Évêché pour obtenir mon déplacement. De votre côté, les républicains vous haïraient et vous créeraient des difficultés jusqu'au jour où, bon gré mal gré, il faudrait partir vous aussi » [cité in *ibidem*, p. 205].

Il reste qu'il existe une sorte de zone grise de la laïcité, qui s'étend en quelque sorte entre l'ambivalence d'un Ferdinand Buisson et le mot d'ordre d'une minorité d'instituteurs pour dénoncer la neutralité confessionnelle de Ferry : « laïciser la laïque ». Chez le premier, la religion et le catholicisme sont à ce point noués dans l'expérience nationale qu'il apparaît impossible de prononcer le mot « Dieu » devant les Français, sans qu'ils « se représentent le Bon Dieu du catéchisme et songent tout de suite à leur curé ». D'où, pour une part, sa tendance à récuser toute agressivité envers les religions, ou même à plaider leur enseignement à l'école : ce qui rejoint la manière dont beaucoup d'instituteurs « réintègrent le christianisme dans le mouvement historique et y voient une anticipation, le brouillon d'un monde meilleur, promesse longtemps différée mais réelle » [*ibidem*, p. 208]. Mais lorsqu'il rassemble en 1913, avec une préface de Poincaré, ses écrits et discours sous l'étrange titre *La foi laïque*, il a développé une doctrine d'un singulier syncrétisme, puisqu'elle propose tout à la fois de « laïciser la religion » et de la penser comme « besoin éternel de l'âme humaine », de « donner un fond religieux à la morale laïque » et de travailler à l'établissement d'un authentique royaume de Dieu sur la terre [103, chap. 3]. Retravaillées par des revues pédagogiques, adaptées aux estrades de congrès, reprises même en politique par un Combes ou un Viviani, de telles problématiques peuvent alors trouver un débouché plus ou moins incongru dans l'aile extrême du laïcisme : là où l'on voudrait contribuer à faire de l'école publique « non plus seulement une école sans prêtres, non plus seulement une école sans dieux [...], mais véritablement cette fois une école sans Dieu, où on se proposerait même d'arracher de l'âme des enfants la croyance » [115, p. 213].

L'ambivalence de *La foi laïque* d'un Buisson en dit sans doute long sur les détours de l'idée de laïcité dans l'imaginaire de la République. Elle montre en premier lieu qu'il existe bien un fond irréductiblement religieux de sa morale, mais sous une forme qui oscille entre une sorte de culpabilité secrète vis-à-vis du christianisme et la tentation de le retourner en conservant son esprit. En ce sens, à la différence des terres de Réforme où le processus de sécularisation avait permis une transformation conjointe et progressive de la religion et de la société civile, la France garde l'empreinte d'une longue relation de l'Église avec l'État dont Jaurès résumait parfaitement l'enjeu, comme l'envers de ce que dira Thomas Mann sur l'Allemagne : « Notre génie français s'est réservé devant la Réforme afin de se conserver tout entier pour la Révolution » [cité in 93, p. 146]. À quoi s'ajoute de façon plus précise que la forme proprement dogmatique d'un catholicisme qui ignore longtemps le libre examen, préserve la verticalité de l'autorité cléricale et maintient son projet universel dans le monde moderne, laisse plus que des traces au sein d'un universalisme français volontiers conquérant : il lui donne peut-être sa volonté farouche d'unité du pouvoir et quelques expressions d'une libre-pensée qui reproduit l'intransigeance de son adversaire privilégié. Autrement dit, tandis que l'analyse comparative permet de souligner les différences entre régimes de laïcisation et de sécularisation rapportés aux cultures religieuses qui en forment le terreau [voir 25], la France fait peut-être plus qu'offrir l'archétype des premiers : en montrant une tentation toujours vivace de glisser d'une simple séparation des ordres de la foi et de la politique vers l'idée d'une laïcité de combat dont l'objet même serait l'expulsion des croyances hors de la sphère de l'esprit, sur le terrain particulièrement sensible de l'éducation, éternel domaine de ses guerres internes.

Cette dernière considération conduit sans doute vers le constat d'un paradoxe. Tant la lecture du propos des fondateurs de la république laïque que la recomposition de l'univers intérieur et des pratiques de ses principaux acteurs dans l'intimité de la vie sociale donnent le sentiment qu'ils partageaient une vision somme toute libérale et modérée de la laïcité. Ainsi que le note François Furet, cette dernière voulait assurer quelque chose qui ressemble à une « version pacifiée de la régénération révolutionnaire » [52, p. 506], comme une manière de conserver intact son horizon sans l'outrance de ses moyens. En ce sens, les premières batailles scolaires et la loi de séparation avaient pour objet de permettre que l'on façonne des hommes nouveaux, délivrés de la superstition et des intérêts, puis capables de fraternité civique, mais sans la violence de la Terreur et dans le souci d'un respect des sensibilités et des croyances. Est-ce encore ce projet que l'on voit aujourd'hui resurgir, dès l'instant où paraissent un foulard ou une kippa ? N'est-ce pas Ferry que l'on trahit en l'invoquant, quand on récuse un avis du Conseil d'État (27 novembre 1989) dont l'inspiration semble lui être directement empruntée : « L'école doit inculquer aux élèves le respect de l'individu, de ses origines et de ses différences » ; la République s'est engagée à « assurer la liberté de pensée, de conscience et de religion, ou de conviction, individuellement ou collectivement, en public ou en privé » ; « La liberté ainsi reconnue aux élèves comporte pour eux le droit d'exprimer et de manifester leurs croyances religieuses à l'intérieur des établissements scolaires, dans le respect du pluralisme et de la liberté d'autrui, et sans qu'il soit porté atteinte aux activités d'enseignement, au contenu des programmes et à l'obligation d'assiduité » ? Comment enfin comprendre l'hostilité rencontrée par la prudence de Lionel Jospin, revenant sur l'événement dont il avait été l'un des principaux acteurs : « Je suis en un mot contre le "différentialisme", mais je suis aussi contre l'assimilation. Contre l'assimilation, si elle doit nier les différences culturelles, les origines, les formes d'adhésion maintenues à sa tradition. Contre le "différentialisme", s'il doit figer chacun dans sa communauté ou justifier des atteintes aux valeurs démocratiques » (*Le Débat*, novembre-décembre 1993, p. 17) ?

La réponse à ces questions réside sans doute dans le phénomène qui veut que la tentation d'une laïcité absolue est d'autant plus puissante que non seulement la France a vécu la fin de son exception politique parmi les nations modernes, mais qu'il ne reste plus guère à la République que le terrain d'un combat contre la religion afin de laisser survivre la forme d'une particularité. Pour quelques « idéologues » à qui Lionel Jospin reprochait encore d'avoir « réaffirmé une laïcité idéale avec une intransigeance glacée », il semble en effet que l'universalisme désormais partagé avec les autres peuples démocratiques soit en quelque sorte trop mièvre pour ne pas appeler immédiatement une réaction d'orgueil blessé. D'où leur souci peut-être de retrouver l'expression tout à la fois polémique et nostalgique d'un universel plus incandescent dont la France garderait jalousement le secret, comme la vérité d'une authentique liberté selon la raison qui se confond avec l'arrachement des consciences aux obscurités de la religion. On le sait désormais, la force d'une telle position tient dans le fait qu'elle propose de lire le contemporain dans les catégories connues de l'ancien, renouant en l'espèce trois composantes essentielles de l'histoire française : l'héritage lointain d'une prééminence de l'État qui parvint à préserver ses raisons construites par la monarchie jusque dans le monde qui voulait pourtant la renverser; le rêve révolutionnaire de la fabrique d'un homme nouveau qui offrirait à l'univers entier le modèle d'une expérience unique ; une conception du projet commun de l'émancipation qui se focalise sur l'interminable combat entre les lumières de la connaissance et les ténèbres de la croyance. Capturé par le débat intellectuel lorsqu'il a épuisé les charmes d'une attente du grand soir, proposé à la politique au moment où elle semble privée d'horizon, offert enfin à l'imaginaire national dès l'instant où il paraît se languir de n'être plus le miroir d'une singularité exemplaire, ce schéma excelle sans doute à immuniser contre les angoisses du présent, tout en voulant reconstituer le bloc de certitudes à ses yeux nécessaires pour affronter un avenir par trop indéchiffrable. Il n'est toutefois pas évident qu'il épuise autant qu'il l'aimerait le sens de l'expérience française de la démocratie ni même qu'il l'aide véritablement à s'inventer des lendemains.

LA GUERRE EST FINIE ?

En ouverture d'un numéro des *Annales* intitulé « Présence du passé, lenteur de l'histoire » et consacré à Vichy, l'occupation et les Juifs, Pierre Vidal-Naquet a publié le bouleversant témoignage que constitue le journal de son père entre le 15 septembre 1942 et le 29 février 1944. Comme Marc Bloch ou Raymond Aron, dont il était l'ami d'enfance, Lucien Vidal-Naquet appartenait à la catégorie de ce que son fils appelle les « bourgeois juifs déjudaïsés », celle des hommes que Pierre Birnbaum nomme encore *Les fous de la République* [11]. Avocat, un temps collaborateur de Viviani puis ami de Millerand, il reste à Paris après l'armistice et même l'édiction du « statut » de juin 1941, avant de rejoindre Marseille, qu'il ne voudra pas quitter, faisant preuve comme le notera Raymond Aron dans ses *Mémoires* d'un « courage presque excessif tant il se désigna lui-même aux bourreaux ». Quels sont alors les sentiments de ce témoin exemplaire, entre le moment où il décide de prendre la plume et le 15 mai 1944, lorsque la Gestapo l'arrête pour un voyage sans retour, des Baumettes à Drancy, puis Auschwitz ? Une formule les résume à elle seule : « Je ressens, comme Français, l'injure qui m'est faite comme Juif » [161, p. 514]. L'essentiel de ce propos qui rappelle ceux du Marc Bloch de *L'étrange défaite* est sans doute dans la manière dont Lucien Vidal-Naquet fouille sa mémoire, pour scruter la source de ce qui lui apparaît désormais comme une illusion, à savoir un amour de la France placé au-dessus de tout et qui conduisait jusqu'à « une ardeur de sacrifice » d'une insaisissable profondeur. Parlant maintenant au passé, voici ce qu'il écrit en effet : « J'ai, ardemment, désiré mourir pour la France ; dans la tendresse pour mon pays — dont je n'étais pas seulement fier, dont j'étais aussi vaniteux, je concevais la mort pour son salut comme un enivrement de gloire que rien, qu'aucune vie ne pourrait jamais surpasser ; j'en étais arrivé, durant la guerre, à méconnaître mes devoirs de père et de mari, tant la mort pour la France me semblait désirable et flattait, disons le mot, le sentiment que j'avais, en tombant pour mon pays, de participer à la création d'un chef-d'œuvre » [*ibidem*, p. 515].

Que peut-on lire dans un tel document ? En

premier lieu, bien sûr, la dernière trace sans doute en Europe occidentale d'un phénomène dont Ernst Kantorowicz décrit la source médiévale et l'universalisation progressive : l'acceptation d'un devoir du sacrifice *pro patria* dont la justification ultime réside dans l'idée d'un « mystère de l'État » que les nations modernes ont partiellement conservé, avant que les guerres contemporaines n'en questionnent radicalement le sens [79]. Mais aussi, peut-être, une discrète spécificité française, qui transparaît parfois dans le discours de la nostalgie républicaine, lorsqu'il semble conjuguer le regret de l'effacement d'une telle figure avec l'évocation d'un âge d'or de la citoyenneté, comme si le patriotisme qui avait surgi telle une fée Morgane à Valmy, avant d'être fortifié par Renan ou Péguy, disparaissait aujourd'hui par les effets cumulés d'une insignifiance de l'époque et de l'invasion de modèles étrangers de la démocratie. Reste pourtant à ne pas oublier que ce témoignage atteste surtout une cruelle déception vis-à-vis des promesses non tenues de la République. Celles qui touchent en premier lieu aux composantes politiques de son *Étrange défaite* et à une symbolique de l'acte parlementaire du 10 juillet 1940 dont la mémoire nationale ne sait trop que faire. Mais celle aussi qui tient plus profondément encore à une problématique de l'intégration qui disait offrir en échange de la loyauté au régime les formes de protection propres à l'universalisme abstrait. Faut-il alors immédiatement opposer à ceux qui veulent retenir quelque chose de cette déchirure qu'ils participent d'une inflation mémorielle et d'un repli identitaire d'autant plus pernicieux qu'ils risqueraient de réveiller en retour l'antisémitisme [voir 26 et 27] ? On peut juger plus sage d'interroger plutôt la relation blessée qu'entretient la France avec le souvenir de ce passé, tout comme son malaise vis-à-vis de la question des identités.

Alors que la France est moins sujette que les États-Unis à la pression de communautés revendiquant la reconnaissance de leur identité, tandis qu'elle s'est plus que l'Allemagne immunisée contre un retour critique sur son histoire récente, elle s'expose à elle-même bien davantage que la plupart des démocraties contemporaines les signes de son malaise. Plus ou moins mal exposé dans la discussion autour du multiculturalisme, ce dernier relève pour Michel Wieviorka d'un entrecroisement entre plusieurs phénomènes : la peur d'une perte d'influence culturelle dont témoignent la défense parfois crispée de la langue ou la critique des « produits » d'importation américaine ; un sentiment de menace devant une immigration étrangère à l'Europe et porteuse de valeurs rapidement qualifiées d'intégrisme ; l'impression enfin d'une remise en cause de l'unité nationale au travers de l'affirmation de mémoires spécifiques [167, p. 36-37]. Dans la même perspective, Farhad Khosrokhavar quant à lui suggère que le malaise en question est peut-être le fait d'un raidissement de l'idéologie républicaine. À ses yeux en effet, il existe une sorte de cercle de l'inquiétude et de l'intransigeance dont l'impensé serait le souci de l'adaptation : « Plus la crise de la conscience universaliste républicaine s'accentue, plus elle a tendance à formaliser, à surformaliser et à hypertrophier l'universel abstrait qui forme son principe de légitimation, mettant en cause jusqu'aux formes de compromis républicain qui prévalaient à la fin du XIXe et au début du XXe siècle » [82, p. 124-125]. En ce sens, l'affaire des foulards est sans doute l'un des événements les plus significatifs de l'expérience française récente, ou plus précisément même le révélateur d'une sorte de radicalité de défense qui veut exorciser l'imaginaire national angoissé par le sentiment de sa propre crise, selon une logique par laquelle plus la conscience républicaine « devient obsidionale, plus elle a recours à l'apriorisme pour se légitimer ».

On pourrait ainsi se demander si le fait même que le terrain de cette crise soit une fois encore celui de l'école confrontée à la question des appartenances religieuses n'atteste pas définitivement la conception spécifiquement française de l'universel et son mode de manifestation. En premier lieu, il faut noter avec Alain Touraine que, du jacobinisme aux expressions contemporaines de la laïcité absolue, « l'idée républicaine porte en elle celle d'avant-garde » [160, p. 120]. La caractéristique de la situation actuelle est alors que, sur son terrain privilégié, elle semble avoir désormais perdu l'adversaire qui la faisait vivre, moins par le fait du renoncement de l'Église à ses prétentions temporelles que sous l'effet d'une « révolution du croire » dont Marcel Gauchet décrit l'impact : « la disparition de l'enjeu qui conférait à la scène politique une transcendance non pas secrète, celle-là, mais éclatante, impérieuse, indiscutable » [59, p. 103]. Autrement dit, en France plus qu'ailleurs, la démocratie s'est longtemps honorée d'une « sacralité de contamination », qui lui conférait une mission susceptible de réclamer un dévouement sans limites : arracher l'homme à l'état de minorité dont parle Kant, pour le faire accéder au règne de l'autonomie. Or, tout porte à penser qu'elle a définitivement accompli cette tâche, pour des sociétés laïcisées où la référence à une tradition religieuse n'apparaît plus comme un héritage transmis ou inclus dans l'appartenance à une communauté, mais en tant que choix volontaire, propre à chaque individu, de s'inscrire par lui-même dans ce que Danièle Hervieu-Léger nomme une « lignée croyante » [73]. Reste alors pour solde de ce phénomène la source sans doute essentielle du malaise français, au travers d'une politique vécue comme privée de ses enchantements lorsqu'elle ne s'adresse plus qu'à des sujets métaphysiquement émancipés, quelque chose qui ressemble à un « collapsus des Lumières militantes au milieu des Lumières triomphantes de la démocratie » [59, p. 103].

Il est toutefois encore possible d'imaginer que c'est contre ce constat que lutte avec une sorte d'énergie du désespoir la laïcité de combat qui resurgit aujourd'hui dans les classes, en sorte que persiste peut-être une exception culturelle française, d'autant plus farouche qu'elle s'agace de la fin de l'exception politique. Comment en effet pourrait-on comprendre sans cette hypothèse quelques dérapages verbaux ou violences symboliques rencontrés lors d'affaires récentes et très loin des sphères d'une extrême droite xénophobe ? Ainsi Pierre Birnbaum rassemble-t-il les singulières réactions de la presse la mieux intentionnée en deux occasions : la reconnaissance par le Conseil d'État en avril 1995 du droit pour des élèves juifs pratiquants de ne pas suivre les cours le samedi matin, pour autant que leur absence ne perturbe ni leur scolarité ni le fonctionnement des établissements; puis la demande au printemps de la même année du grand rabbin Sitruk de repousser la date des élections cantonales, fixées le premier jour de la pâque juive. Face au premier de ces événements, c'est une problématique de la contamination que l'on voit surgir, avec celle du « tribalisme » : « Il semble que les débats sur le "foulard islamique" aient eu pour conséquence inattendue de réveiller les ardeurs de Juifs pieux. Certains observateurs notaient ainsi une floraison de calottes sur les têtes de collégiens et de lycéens » [cité in 13, p. 342]. Quant au second, il suscite un véritable florilège de stéréotypes dont Pierre Birnbaum résume l'esprit comme une « ahurissante vision de sauvages attardés et presque menaçants, au langage plein de mystère ». Revenant aux foulards, on pourrait encore ajouter cette étrange remarque d'un esprit parfaitement intègre et grand républicain : « Parce qu'on est de gauche, on est (surtout maintenant que la décolonisation est achevée) anticolonialiste. On tient à être ami des peuples d'outre-mer qui sont nos anciennes victimes et d'où proviennent aujourd'hui les masses de nos pauvres et de nos prolétaires. En vertu de cet *a priori* social, humanitaire et affectif, on se sent gêné d'être antimusulman, de peur de donner par là l'apparence d'être antiarabe et xénophobe » [1, p. 47].

Ce dernier propos donnerait à penser que, sous la ligne de front qui oppose les républicains de toutes natures, même démocrate, à la droite extrême et au racisme, se cache peut-être un conflit plus discret entre l'avant-garde d'un républicanisme de la laïcité absolue et les porte-parole d'une nouvelle immigration, qui opposent au modèle de l'assimilation le droit de pouvoir être, par exemple, de bons musulmans et de bons citoyens français. On trouverait ainsi un symbole de cette revendication d'intégration dans le respect des différences chez un Abdelatif Benazzi, capitaine de l'équipe de France de rugby, lorsqu'il déclare : « Je suis resté fidèle à mes convictions et à ma foi, à ma religion. Faire le contraire, c'eût été montrer sa faiblesse. Et même trahir. [...] La nationalité se gagne en respectant les lois de la République. [...] En étant citoyen, tout simplement » [*Le Monde*, 10 avril 1997, cité in 13, p. 321]. Sur ce front secondaire, mais souvent médiatique, l'hostilité que suscite une telle attitude ne relève effectivement pas d'une haine raciste « antiarabe », mais plus probablement d'une hantise vis-à-vis de l'islam, ou plus précisément même à travers lui de celle des religions qui incarnerait aujourd'hui la visibilité affirmée du fait religieux. En ce sens, dans la France contemporaine, la promptitude à établir une liaison entre islamisme et intégrisme ou même terrorisme, les batailles récurrentes autour des mosquées et le retour régulier de la question des foulards, tout comme enfin la difficulté d'imaginer un cadre institutionnel pour l'exercice du culte musulman, renvoient sans doute à une même cause, liée à la perception de l'islam comme figurant une double altérité : celle de la religion en elle-même, dans une société laïcisée mais frémissant toujours devant le spectre de ses anciens fantômes ; puis celle aussi d'une culture religieuse étrangère au catholicisme, avec lequel la laïcité française entretenait depuis des lustres une sorte de vieille connivence des tranchées.

On voit ainsi aujourd'hui plus clairement que jamais, parce ces questions demeurent pour solde de tout compte envers d'autres conflits, le fond sans doute théologico-politique de la laïcité absolue à la française. En premier lieu, ce phénomène tient à l'héritage d'une version des Lumières qui s'était construite face au double absolutisme de l'Église et de l'État, en sollicitant un mélange d'anticléricalisme et de déisme pour nourrir une vision unitaire de la raison et orienter le processus de l'émancipation qui devait faire advenir son règne vers le schéma de la table rase. Dans ce cadre où se déploie en pratique la différence entre les univers historiques de la Réforme et de la Révolution, la France vit une sorte de rivalité mimétique multiséculaire entre le politique et le religieux, le premier étant toujours tenté d'étendre la logique de séparation des ordres jusqu'au souci d'expurger les consciences de toute influence des croyances, tandis que le second fournit à son adversaire les armes du dogme, de l'argumentation et d'un imaginaire de l'universalisme souvent encore confondu avec l'absolutisme. Des discussions de l'été 1789 à la querelle de l'automne 1989, la localisation la plus précise de cet antagonisme est alors sur l'étroit terrain du for intérieur, de sa délimitation et de ses manifestations. À l'évidence, le succès de la laïcité modérée tient à sa manière d'assurer une neutralité démocratique qui prend ailleurs d'autres formes pour une même fin : offrir à l'État une suprématie dans l'ordre terrestre, en laissant au citoyen la possibilité de « cultiver par-devers lui l'idée qu'il veut de ses rapports avec le ciel » [59, p. 61]. Mais la focalisation des batailles récentes sur les signes qui extériorisent ces rapports montre qu'elle est toujours contestée par une laïcité de combat, qui n'en finit pas quant à elle de ferrailler contre les modalités mêmes du par-devers soi, pour mettre en cause son évidence.

Si l'on peut penser avec Marcel Gauchet que la France républicaine a rejoint le rang des nations démocratiques au moment où les catholiques ont ratifié une image du divin et de ses rapports avec l'homme qui se résume dans l'idée selon laquelle « Dieu est le séparé », quelque chose de son imaginaire laïque dans sa version radicale demeure insatisfait d'un tel compromis. Sous le combat en faveur d'une invisibilité absolue du par-devers soi, c'est ainsi la perception d'une antinomie parfaite entre l'autonomie et la religion qui se déploie, comme une réfutation de la problématique kantienne de la « liberté selon l'espérance » telle que la reconstruit Paul Ricœur. Chez Kant en effet, tandis qu'il faut que la visée du bonheur soit exclue de la moralité pour qu'elle soit pure, celle-ci doit revenir sous l'idée du « souverain bien » afin qu'elle puisse être complète [133, p. 407]. Autrement dit, si la trajectoire de la liberté est bien orientée par la problématique des Lumières comme arrachement à un règne de l'hétéronomie associé avec les contraintes du ciel, son horizon ultime demeure inscrit dans la perspective de ce que Kant nomme une « attente » et qui se laisse décrire comme achèvement de la volonté par la participation au souverain bien. La question sur ce point n'est alors plus directement celle de la séparation des ordres privé et public, ou d'une délimitation des prérogatives de l'Église et de l'État depuis longtemps assurée, mais de savoir dans quelle mesure l'imaginaire républicain trouve dans le problème de la manifestation des signes de la croyance l'occasion d'un combat contre la religion elle-même, combat d'autant plus nécessaire qu'il a toujours vécu d'avoir un adversaire et qu'il n'en connaît désormais plus d'autres. En ce sens, il se pourrait même que les derniers défenseurs d'un universalisme spécifiquement français parmi les nations démocratiques entrent dans une alliance que n'aurait pas récusée Auguste Comte : celle de progressistes qui voient encore dans les opinions religieuses l'ultime rempart placé devant le règne de la raison et de conservateurs qui perçoivent déjà dans les plus visibles d'entre elles les prémices d'une guerre des civilisations, puis d'une décomposition future des valeurs de l'Occident.

Si l'on cherchait alors à saisir une dernière fois les sources et la forme d'une idée de l'universel que la France aime à confondre avec sa propre essence, c'est sans doute du côté de Rousseau qu'il faudrait revenir, pour percer son secret en deçà même du volontarisme légicentriste qui imprègne indéniablement la culture politique française. Afin de saisir ce motif, il faut prendre la mesure d'un paradoxe de Rousseau parfaitement décrit par Jean Starobinski et selon lequel les indéterminations de son système, qui sont autant de difficultés pour l'interprète de sa pensée, peuvent devenir les vecteurs de sa diffusion par capillarité dans l'imaginaire politique moderne. L'exemple le plus flagrant d'un tel phénomène tient dans la perspective d'une « synthèse par la révolution » [151, p. 44 sq]. À la suite d'Engels et quelques autres, nombre de lecteurs de Rousseau ont en effet cru percevoir une homogénéité entre le *Discours sur l'origine de l'inégalité* et le *Contrat social*, dont le principe résiderait dans l'idée selon laquelle l'un résout le problème posé par l'autre sur le même plan que lui, en sorte que la politique rousseauiste envisagerait le renversement révolutionnaire de l'inégalité en égalité. Or, le problème est ici que, dans l'esprit de Rousseau, le mal décrit dans le *Discours* est sans appel, tandis que l'hypothèse juridico-politique du pacte social et du règne de la volonté générale envisagée par le *Contrat* ne se situe pas dans la continuité des analyses de l'expérience passée de l'humanité, mais délibérément « hors du temps historique ». De ce point de vue, si la décision de fonder une société sur la loi raisonnable est inaugurale dans son ordre, elle n'est pas révolutionnaire au sens d'une traduction possible dans la sphère de l'action. Il reste cependant que la séparation des plans réflexifs de Rousseau entre la description de l'inégalité sociale et la méditation sur le bon gouvernement est suffisamment ténue pour permettre une lecture continuiste, par laquelle l'expérience révolutionnaire devient effectivement inaugurale. C'est ce schéma qui donne des allures si souvent rousseauistes à la conscience des hommes de la Révolution, sous une problématique dont Alexandre Koyré restitue l'orientation à partir de Condorcet : « Elle clôt l'histoire de la *libération* et elle commence celle de la *liberté* » [86, p. 113].

Même si l'on voit ainsi comment vient de Rousseau, et sans doute malgré lui, la coloration si longtemps révolutionnaire de l'imaginaire politique français, tout porte à imaginer que c'est également à sa pensée que puise dès l'origine l'alternative par excellence au modèle du renversement des choses, à savoir la perspective républicaine d'un progrès par l'éducation. Sur ce point, la difficulté d'interprétation de l'œuvre de Rousseau tient à la possibilité de concilier la redoutable critique de la culture offerte par le *Discours sur les sciences et les arts* avec la perspective d'une conscience raisonnable susceptible de la réintégrer. Comme le montre une fois encore Jean Starobinski, l'analyse rousseauiste vise ici à établir que « le mal ne réside pas essentiellement dans l'art (ou la technique), mais dans la désintégration de l'unité sociale » [151, p. 47]. Autrement dit, si l'humanité vit une séparation délétère de la nature et de la culture, qui donne à son existence une dimension radicalement inauthentique, il est permis d'envisager leur réconciliation par l'opération de l'éducation et sous la conduite de la vertu. Envisagée à nouveau par les différents projets d'éducation de Condorcet, mais impuissante alors à enrayer la logique plus tenace de la régénération politique du corps social, une telle synthèse apparaît fournir une sorte de matrice intellectuelle à l'entreprise républicaine de formation des esprits. C'est l'autre visage de Rousseau dans la culture française moderne, celui qui échappe largement à la critique des libéraux contre l'influence de sa politique sur la Terreur, mais aussi aux divisions des républicains eux-mêmes à propos de la forme exacte de sa théorie du bon gouvernement [107, p. 70-74].

Tandis que l'imaginaire français peut puiser chez Rousseau tant la forme radicale de son attachement à la révolution que la perspective substitutive de l'éducation, il faut sans doute chercher les raisons profondes de son impact du côté de la tonalité et de l'orientation de sa pensée, plus encore que dans ses idées traduites tant bien que mal. Ainsi Alexis Philonenko propose-t-il de percer le secret du philosophe sur le plan métaphysique, là où sa pensée offre la première approche spécifiquement moderne d'un problème classique : celui du mal, ou, si l'on préfère, de l'expérience humaine du malheur [121]. Quant à la forme de ce secret, elle tient précisément en cela que Rousseau le premier tente de résoudre ce problème métaphysique dans une perspective radicalement antimétaphysique, à savoir à l'écart de la discussion théologique et sans recours à l'hypothèse d'un Dieu. C'est Ernst Cassirer qui met le plus directement en lumière ce motif, lorsqu'il montre que la question n'est pas de connaître la sincérité ou la profondeur des sentiments religieux de Rousseau, mais de saisir la manière dont sa pensée impose un déplacement décisif du problème : le mal n'est ni dans la nature ni dans l'homme lui-même selon la perspective du péché originel ; sa source est dans la société et il ne tient à rien d'autre que la malfaçon sociale. Cette localisation inédite de la question du mal est doublement antimétaphysique : une première fois parce qu'elle récuse pour les renvoyer dos à dos toutes les problématiques religieuses à ce propos ; mais surtout en ce qu'elle soustrait définitivement une dimension essentielle de l'expérience humaine à la « compétence de la métaphysique, pour la placer au cœur de l'éthique et de la politique » [23, p. 57].

En montrant comment c'est la société qui est à l'origine du malheur humain, pour suggérer ailleurs que le remède pourrait être dans le mal lui-même, Rousseau a ouvert la pluralité de ses lectures possibles entre lesquelles navigue la culture française, sous différentes modalités de la régénération sociale : le paradigme radical de la révolution et la variante modérée de l'éducation ; l'obsession de la vertu et la hantise de la corruption du gouvernement ; la figure de l'unité indivisible de la République et même la présence presque incantatoire de la volonté générale dans un système représentatif qu'il rejetait absolument. Outre le fait qu'en l'espèce l'imagination institutionnelle française fabrique des hybrides à partir de Rousseau, l'ironie de l'histoire tient en cela qu'il nourrit aussi la passion antireligieuse, alors que Kant notait malicieusement qu'à tout prendre son système justifiait Dieu, dans la mesure où il sauvait au moins la perfection de la nature. Mais, que tout soit bien « sortant des mains de l'Auteur des choses », tandis que « tout dégénère entre les mains de l'homme » — selon les premiers mots de l'*Émile* —, voilà sans doute la formule décisive de Rousseau, dont la France retient surtout la perspective d'un travail perpétuellement recommencé de reconstruction des cadres de l'expérience sociale et politique. C'est ce qui fait dire à François Furet que « Rousseau a probablement eu le génie le plus anticipateur qui ait paru dans l'histoire intellectuelle, tant il a inventé, ou deviné, de ce qui obsédera le XIXe et le XXe siècle » [48, p. 51]. Ce que prolonge encore l'un de ses commentateurs américains, en reconnaissant ses traits dans une figure que la France aime à exporter : « Rousseau devint le prototype de l'intellectuel moderne aliéné, c'est-à-dire du penseur qui approuve le rejet des principes sous-tendant les mondes chrétien et classique, tout en restant néanmoins distant du monde nouveau qu'ont créé les idées modernes » [104, p. 12].

Alors qu'il décrit ainsi une posture de l'intellectuel français qui semble souvent correspondre à ce « tempérament mélancolique » dont Kant percevait les formes dans la personnalité même de Rousseau et son « tableau hypocondriaque du genre humain », Arthur Melzer a parfaitement saisi une figure nationale. C'est elle en effet que l'on retrouve encore de nos jours dans le discours de la nostalgie républicaine, lorsqu'il entremêle l'appel à un sursaut radicalement moderne contre l'obscurité religieuse avec une critique de l'insignifiance de l'époque, qui puise quant à elle dans une méfiance envers l'individualisme nourrie de vertus antiques. C'est elle aussi qui explique sans doute une rencontre historiquement improbable et qui n'était possible qu'*a posteriori* entre un gaullisme érigé en ultime vestige de la grandeur nationale et des intellectuels qui avaient en son temps honni de Gaulle. Les choses vont ainsi en France que celui-là même qui avait un moment incarné l'éternelle tentation du pouvoir personnel peut devenir par le jeu des souvenirs la dernière expression crédible du volontarisme politique. De ce miracle ou de cette farce, comme l'on voudra, la clé est probablement une fois encore chez Renan. Dans le mystère tout d'abord d'une idée française de la nation qui aime la volonté collective et demeure toujours prête à préférer ses manifestations plébiscitaires affirmées sur fond de crise aux formes plus tâtonnantes d'un pluralisme vécu comme une banalisation de l'expérience démocratique. Puis dans une certaine façon de concevoir qu'une dose d'oubli est nécessaire à l'unité du corps social, elle-même posée comme condition transcendantale de toute politique. Compenser l'abstraction d'un lien politique moderne qui ne s'enracine plus dans la nature grâce à « une grande solidarité, constituée par le sentiment des sacrifices qu'on a faits et de ceux qu'on est disposé à faire encore » [129, p. 54], voilà bien le secret de la formule de Renan, pour un âge où l'on attend de la religion qu'elle se vide de son contenu métaphysique afin de transposer dans l'ordre social la liaison entre les hommes qu'indiquait son étymologie. Quant à de Gaulle, il est celui qui parvint pour la dernière fois à donner une consistance à l'idée d'une grandeur sacrificielle, dans le contexte particulièrement tourmenté des blessures contemporaines de la conscience nationale. Qu'après lui toute tentative en vue de réveiller cet imaginaire soit apparue comme une caricature, et voici qu'il en vient presque à redonner forme à la représentation même de l'avenir, alors qu'il figurait autrefois le retour du passé, sur une scène crépusculaire où par le jeu de singulières repentances l'ancien rêve de révolution trouve en lui le symbole paradoxal d'une nouvelle conservation républicaine [voir 30].

Il reste cependant que si Renan a donné au volontarisme rousseauiste les couleurs qui le rendaient reconnaissable par les conservateurs comme par les républicains, tandis que de Gaulle incarne cette synthèse en politique dans la longue durée du demi-siècle, c'est effectivement au prix d'une certaine forme d'amnésie politique. On peut dire en effet que l'espace politique français de l'après-guerre et la conscience nationale qui l'oriente se sont recomposés selon deux logiques. Relevant d'une lecture de l'événement, la première a consisté dans le fait de voir sous la défaite militaire, l'autodestruction du régime républicain et la « collaboration d'État » un même phénomène, interprété comme une parenthèse dans l'histoire de France. Quant à la seconde, elle tient dans la traduction politique de cette vision des choses : le souci commun aux gaullistes et aux communistes, en dépit de leur rivalité, d'imposer l'image d'un peuple dressé contre l'occupant, afin de permettre une reconstruction du pays dans la paix civile et une reconnaissance de son rang international face à des alliés très vite redevenus adversaires symboliques. Le génie des uns procède alors d'une manière de « sublimer le combat d'une minorité en destin national, d'enrôler l'ensemble des Français dans son théâtre d'une France éternelle » [162, p. 95]. L'habileté des autres relève pour sa part d'une capacité à faire oublier les lenteurs de l'engagement dans la Résistance, en effaçant le souvenir de la dénonciation d'une « guerre interimpérialiste » dans le contexte du Pacte germano-soviétique, par le mythe du « parti des quatre-vingt mille fusillés ». Juridiquement, cette geste de restauration de l'unité et de la grandeur nationales sera confirmée par l'amnistie de 1954, avant de trouver dix ans plus tard son plus éloquent symbole dans le discours de Malraux lors du transfert des cendres de Jean Moulin au Panthéon. Historiquement, elle explique le système des alliances privilégiées par de Gaulle, au nom d'une indépendance essentiellement tournée contre les États-Unis et atteste une intimité plus ou moins secrète dont Pierre Nora décrit la racine : gaullisme et communisme ont représenté les « deux formules extrêmes et abouties du modèle politique et historique français, né d'une histoire plus longue et plus continue que celle de tout autre pays de l'Occident et qui s'est cru longtemps supérieur, parce que rationnel » [113, p. 382]. Mais politiquement enfin, elle fut sans doute payée du risque redoutable d'occulter pour longtemps toute relation authentiquement critique à ce passé, sous l'effet de la résurrection particulièrement inattendue en l'espèce du fantasme jacobin d'une volonté populaire nécessairement transparente, unifiée et infaillible.

On sait les conséquences de ce dispositif, décrites par Henry Rousso dans des catégories analytiques comme *Syndrome de Vichy* [141]. Jusqu'en 1954, les dix premières années de l'après-guerre sont celles d'un affrontement autour des séquelles de la guerre civile, comme un « deuil inachevé » de la période, au travers d'une épuration plus importante qu'il n'avait été dit, mais impuissante à solder les comptes avec le régime et ses collaborateurs. S'installe alors jusqu'au début des années 70 le véritable « refoulement » du souvenir de Vichy, par la construction puis la sédimentation du mythe « résistancialiste », qui réinstalle la continuité d'une France idéale. Le délitement du récit national gaullo-communiste commence toutefois de s'opérer lorsque s'ajoutent aux discours politiques qui renvoient dos à dos les deux grands imaginaires de l'après-guerre les effets cumulés de gestes lourdement symboliques, comme la grâce du milicien Paul Touvier par le président Georges Pompidou, de l'iconoclaste *Chagrin et la pitié* de Marcel Ophuls, ou encore des premiers ouvrages venus des États-Unis pour questionner et détruire le mythe du « double jeu » du régime de Vichy [119 ; 120]. Est-ce à dire toutefois qu'avec cette période désignée comme celle du « miroir brisé », nous serions entrés dans une phase de véritable « obsession » vis-à-vis de ce passé ? Dans l'inventaire de cette ultime figure dont nous serions encore les contemporains, Éric Conan et Henry Rousso n'hésitent pas à ranger des phénomènes ou événements de natures très diverses, allant du « réveil d'une identité juive qui revendique, pour la première fois depuis l'émancipation, son "droit à la différence" » au procès de Paul Touvier, en passant par les controverses sur la rafle du Vel' d'Hiv', l'inflation des discours du « devoir de mémoire », ou encore quelques dérives sémantiques dans l'usage polémique des symboles de la période [27, p. 22 sq] [14].

Un tel diagnostic sur les rapports de la France à ce moment de son histoire soulève au moins deux questions. En premier lieu, on peut se demander dans quelle mesure les auteurs ne finissent pas par reproduire la construction idéologique qu'ils décrivent et dénoncent, lorsqu'ils concluent leur enquête en affirmant que « l'insupportable avec "Vichy", ce n'est pas tant la collaboration ou le crime politique organisé que ce qui fut au fondement même de l'idéologie pétainiste et eut, un temps, les faveurs du plus grand nombre : la volonté de sortir un peuple tout entier hors de la guerre, et de mettre le cours de l'Histoire entre parenthèses » [*ibidem*, p. 285]. Ancrée dans la crainte de voir le souvenir du passé cautionner un renoncement aux responsabilités présentes face à d'autres drames, une telle formule semble en effet réinventer le cadre de l'interprétation gaulliste de l'événement et les choix d'incrimination des procès de l'après-guerre, lorsqu'elle sélectionne parmi les crimes et privilégie ce qui touche aux atteintes à la grandeur nationale, plutôt que la participation au crime contre l'humanité, comme par une ultime sanctification du mythe de l'exception française. Mais en quoi est-il démontré que la disponibilité à une mémoire des formes passées de l'insupportable détourne de la vigilance vis-à-vis de ses expressions contemporaines ? Quel péril même ferait naître le phénomène suivant : « on serait passé en quelque sorte d'un régime coupable d'avoir lésé une personne collective, la "France", à un régime coupable d'avoir lésé les droits de l'homme [15] » ? À cela s'ajoute que, lorsqu'une telle hiérarchie des valeurs et des crimes veut s'inscrire dans une discrimination épistémologique entre la vérité et la mémoire, l'histoire et le souvenir des témoins, la réflexion sur « l'avenir d'une obsession » paraît dessiner les contours d'un paysage au bout du compte singulièrement vide. D'un côté, pour Éric Conan et Henry Rousso, il en est désormais terminé du « mythe résistancialiste » et l'obstacle à la connaissance de la période apparaît lié à « la tentation du "judéocentrisme" », où règne l'anachronisme et sa tendance à confondre « la morale de la postérité avec la réalité du passé » [27, p. 269]. Mais de l'autre aussitôt, lorsque l'historien passe de la déconstruction des mythes aux programmes de recherche, il dépose un aveu : « il n'y a pas, et il n'y aura sans doute jamais, d'école historique française sur le nazisme au même titre qu'il en existe une aux États-Unis, en Israël et évidemment en République fédérale » [*ibidem*, p. 275]. Si l'on précise alors que la raison invoquée pour une telle absence tient dans une polarisation de la demande sociale sur l'histoire de Vichy « qui n'est plus aujourd'hui du domaine de l'urgence », il semble que la seule tâche que s'assigne par défaut le spécialiste de la période soit une mise en abyme de la réception de son propre livre, qui décrivait lui-même la trace et les interprétations de l'événement, sans que jamais ni la matérialité des faits ni les conditions d'une discussion critique à leur sujet ne soient véritablement au centre du propos.

Il existe une part cruelle de l'aveu quant à l'impossibilité d'une historiographie française du nazisme. En quoi la France est-elle moins concernée par ce phénomène qu'Israël ou les États-Unis ? Est-ce céder au soupçon que d'imaginer le fait qu'une telle lacune puisse toucher à sa difficulté d'affronter la question de la participation du régime de Vichy aux crimes de Hitler ? L'Allemagne en retour serait-elle seule à devoir affronter dans l'ordre d'une conscience critique de l'histoire les figures de sa culpabilité telles que les décrivait Karl Jaspers ? L'exemplarité de la discussion allemande désormais désignée comme *Historikerstreit* réside sans doute dans le fait de ne pas avoir dissocié les enjeux de ce que Martin Broszat appelle « l'historicisation » des questions de mémoire portées par ses interlocuteurs, ou, si l'on préfère, le souci d'inscrire la compréhension d'événements exceptionnels dans la continuité d'une histoire nationale de la responsabilité envers le passé en cause. Le paradoxe français à ce sujet tient alors en cela que le geste par lequel le président Jacques Chirac enterrait symboliquement le mythe gaulliste en juillet 1995, et après bien des dénégations de ses prédécesseurs, semble avoir été mieux admis par l'opinion qu'au sein de la communauté savante, comme si la première engageait un travail qui ne semble pas entraîner les déchirures souvent décrites par la seconde sous la forme d'une concurrence des souvenirs ou même d'un conflit entre devoir de mémoire et exigence de vérité. Il reste cependant que sur le plan de la discussion publique, cette question de Jürgen Habermas dans la querelle allemande de 1987 à propos de faits auxquels la France n'est, quoi qu'on en veuille, pas tout à fait étrangère semble encore difficile à traduire : comment « assumer le contexte dans lequel de tels crimes ont pu se produire et à l'histoire duquel notre existence est intimement liée, sinon par la mémoire solidaire de l'irréparable et par une attitude réflexive et critique vis-à-vis des traditions constitutives de notre identité »? [63, p. 207].

Il faut admettre que la France a mal vécu un XXᵉ siècle qui a remis en cause quelques-unes des traditions constitutives de son identité. Commencé avec l'affaire Dreyfus qui la déchirait en profondeur, poursuivi au travers d'une guerre dont elle n'a peut-être jamais pris l'exacte mesure, celui-ci l'a certes placée par deux fois dans le rang des vainqueurs, mais il lui a également infligé la perte d'un empire colonial et la blessure narcissique issue de l'altération du rôle qu'elle s'était assigné comme phare de l'universel. La mise en souffrance d'une part de son passé trouve probablement ses racines dans la difficulté à affronter une telle césure entre son image de soi et celle que lui renvoient désormais les réalités géopolitiques et culturelles. C'est alors dans les ambivalences de l'opinion vis-à-vis de la construction européenne que l'on trouverait l'expression tournée vers le futur de ce rapport douloureux au passé. Sur ce plan, en effet, il semble que les Français entrecroisent deux attitudes. Par l'une d'entre elles, tandis que la réunification allemande paraît avoir remis en cause un axe franco-allemand qui reposait implicitement sur la prépondérance politique des uns et la suprématie économique des autres, une hésitation semble s'opérer entre demande d'accélération du processus de construction politique et attente d'un répit presque providentiellement offert par l'élargissement de la communauté. Dans cette perspective, un risque existe de voir s'inventer une sorte d'externalisation vers l'Europe de la tension entre l'aspiration au maintien de la protection sociale et les logiques économiques placées sous contrainte financière : avec pour horizon qu'une partie de l'opinion « attribue la responsabilité des maux nationaux à "l'étranger" » [142, p. 99] ; ou encore, qu'elle s'échappe aux extrêmes du spectre politique, voire se retire du jeu démocratique de la présentation. Symétriquement toutefois, la tendance inverse se profile également, qui tient en cela qu'une autre partie de l'opinion perçoit la construction européenne comme une extension au continent des formes de la nation française, une exportation de ses valeurs et de son modèle social. Le danger serait ici que sur fond d'accord indéniable quant à un socle de valeurs fondamentales dont la France peut à bon droit revendiquer une paternité, sa particularité éclate à propos d'une conception spécifique de l'équilibre des pouvoirs et des modes d'exercice de la souveraineté du peuple, s'agissant de son système judiciaire ou encore de sa doctrine de la laïcité. En ce sens, une fois encore et paradoxalement, c'est peut-être parce qu'il attachait son succès à sa manière de puiser aux racines de l'imaginaire français le plus spécifique que l'arc gaullo-communiste de la reconstruction d'après-guerre a livré la France aux formes d'une illusion mise au jour par Pierre Nora. Les uns ont restauré la figure d'une « princesse de rêve, perdue dans les forêts de l'histoire » et qui offrirait encore la perspective d'une « épiphanie périodique du salut » [113, p. 383]. Les autres ont cherché à capturer l'ancien idéal du rationalisme des Lumières pour le mobiliser une dernière fois en faveur « d'une rupture et d'un recommencement possible ». Tous enfin se réveillent « nostalgiques et dégrisés », contraints en quelque sorte à une nécessité de repenser ensemble l'héritage et l'avenir, démarche pour laquelle ils ne sont pas préparés.

Est-il propre à la France qu'en des périodes de transition l'adaptation au changement s'opère au travers d'une discordance croissante entre les discours intellectuels et les tendances de l'opinion, puis surtout par le biais d'un processus politique par lequel les dirigeants s'attachent à jouer au pouvoir une partition différente, voire opposée, à celle qu'ils esquissaient dans l'opposition ? De tels phénomènes semblent en tout cas correspondre à l'état présent de la démocratie française. En premier lieu, tandis que l'on entend chaque jour et à tout propos le chant du cygne d'un républicanisme vécu et pensé comme symbole d'une unité dans l'isolement parmi les nations démocratiques, une grande partie des Français par leurs mœurs, leurs valeurs et leur vision du monde paraissent avoir ratifié une conception commune de l'expérience politique moderne. À quoi s'ajoute que, sur un plan largement conjoint à celui-ci, tandis que le ciment anti-américain de la grandeur nationale persiste à structurer quelques postures martiales, le sérieux de la guerre aux frontières du continent et aux confins du monde éclaire le paradoxe d'une alliance qui s'impose au moment où les temps semblaient passés des situations pour lesquelles elle avait été inventée. Reste alors que cette dernière configuration par laquelle l'Europe attend de l'Amérique, tout en le lui reprochant, qu'elle l'aide à résoudre les conflits à ses marges et à se protéger de menaces mal connues est probablement celle qui imposera une logique de clarification de ses propres idéaux, puis des choix décisifs quant au niveau de son intégration politique, diplomatique et militaire. Dans la mesure où elle n'en a pas terminé avec l'examen de ses mythes, de son passé et de ses rêves, la France n'est peut-être pas la mieux placée aujourd'hui pour aborder sereine de telles questions. À l'inverse toutefois, on peut imaginer que la constellation singulière formée par la date symbolique d'un changement de millénaire, l'arrivée aux affaires publiques d'une nouvelle génération et une population désormais acclimatée à la pluralité des cultures, des expériences ou des langues offre les éléments d'une conjoncture favorable, si tant est du moins que la politique sache sortir du discours de la peur et de l'imaginaire de la nostalgie.

Ajoutons enfin que, si l'on voulait se convaincre du fait que l'idéal républicain n'est peut-être pas incompatible avec la perspective d'une citoyenneté post-nationale pensée sur l'horizon d'un patriotisme lui-même détaché des conditions de l'expérience propre à chaque peuple, il suffirait de rappeler, comme le fait Dominique Schnapper, ce qu'écrivait Durkheim dès 1905. En ces temps sombres de l'Europe qui étaient aussi un âge éclatant de la République, il faisait en effet ce rêve de visionnaire, dans les formes d'un constat : « Ce que nous montre l'histoire c'est que toujours, par une véritable force des choses, les petites patries sont venues se fondre au sein de patries plus larges et celles-ci au sein d'autres plus grandes encore. Pourquoi ce mouvement historique, qui se poursuit dans le même sens depuis des siècles, viendrait-il tout à coup s'arrêter devant nos patries actuelles ? [...] Sans doute, nous avons envers la patrie d'ores et déjà constituée, dont nous faisons partie en fait, des obligations, dont nous n'avons pas le droit de nous affranchir. Mais, par-dessus cette patrie, il en est une autre qui est en voie de formation, qui enveloppe notre patrie nationale ; c'est la patrie européenne, ou la patrie humaine » [41, p. 295 ; 146, p. 399-400]. Erreur au début du siècle, vérité à sa fin, on dira sans doute que le sociologue était mauvais prophète de son temps et de ceux qui venaient, même si notre époque semble lui rendre des points. Il reste que, tandis qu'il ne pouvait être suspecté de tiédeur vis-à-vis de la République, Durkheim se souvenait aussi d'un ancien écrit de l'abbé de Saint-Pierre et de sa lecture par Rousseau puis Kant, anticipant ainsi le mouvement que réalise l'Europe de nos jours pour s'arracher au traumatisme de son histoire et construire un monde auquel aspirent ceux de ses peuples qui en sont exclus.

Qu'avant même Jürgen Habermas Émile Durkheim ait suggéré qu'il se puisse que le véritable horizon de la République soit situé au-delà des frontières de la nation et voici qu'une dernière question se pose : qu'en serait-il alors du rapport de la France à l'universel ? S'agissant de sa propre histoire, deux dangers symétriques semblent se profiler, comme deux manières de se persuader encore un peu de temps d'une singularité exemplaire : celui d'un repli commémoratif dans la célébration nostalgique des traces passées de la grandeur ; mais celui également d'une sorte de scène généralisée du pardon, pour solde de tous comptes envers les violences infligées ou la participation aux crimes, en lieu et place d'une réflexion critique sur les composantes contradictoires de l'expérience nationale. Quant aux valeurs par lesquelles la France a si longtemps aimé se contempler au miroir du monde, il se pourrait que là encore elle ait tout à gagner de parvenir un jour à les reconstruire d'une manière inédite. L'âge n'est plus où le souvenir de la Révolution pouvait s'intérioriser comme le rappel d'une liberté française éclairant les peuples, avec l'oubli du fait que d'identiques principes s'étaient inventés ailleurs et au même moment, pour s'installer souvent dans des institutions plus durables. L'époque vient en revanche où les nations démocratiques auront à promouvoir leurs valeurs par la force de l'argumentation, en justifiant de leur capacité d'être reconnues par la raison éclairée plutôt que sous la contrainte. Dans cet avenir qui est déjà notre actualité, la question ne sera plus tant de savoir si la liberté fut en premier lieu française, anglaise ou américaine, mais d'engager avec ceux qui ont été privés du miracle de l'humanisme occidental un dialogue destiné à les accueillir, sans que nécessairement ils renoncent à leur culture ou à leur histoire.

Universel de recoupement des conceptions communes de la liberté humaine plutôt qu'affirmation de l'universalité conquérante d'un fragment de l'humanité, cette figure pourrait trouver dans la France un messager de poids. À tout prendre, en effet, le mot fétiche de son expérience démocratique ne formule rien d'autre que l'idéal universel d'un gouvernement authentiquement humain. Intraduisible lorsqu'il ne veut s'attacher qu'aux formes inlassablement ressassées d'un passé largement mythique, il peut entrer dans la langue commune des démocraties en retrouvant le sens que lui donnait Rousseau, corrigé par Kant. Mieux même, il n'est pas impossible qu'il connaisse une force de rayonnement inédite aux yeux de ceux qui aspirent à cet idéal, si tant est qu'il renonce à ne qualifier que la spécificité d'une expérience nationale jalousement protégée, pour désigner la forme propre de la liberté politique, jadis pensée par les philosophes et désormais entrée dans l'imaginaire des peuples.

BIBLIOGRAPHIE

[1] MAURICE AGULHON, « La laïcité dans l'évolution récente de la France », *Humanisme*, n° 193, 1990, partiellement reproduit dans *Problèmes économiques et sociaux*, n° 768, juin 1996, Paris, La Documentation française (cité dans cette pagination).

[2] HANNAH ARENDT, *Essai sur la révolution* (1963), trad. M. Chrestien, Paris, Gallimard, 1967.

[3] RAYMOND ARON, *Introduction à la philosophie de l'histoire, essai sur les limites de l'objectivité historique* (1938), Paris, Gallimard, 1986.

[4] ALEIDA ASSMANN, *Construction de la mémoire nationale. Une brève histoire de l'idée allemande de « Bildung »*, trad. F. Laroche, Paris, Maison des sciences de l'homme, 1994.

[5] BRONISLAW BACZKO, *Job, mon ami*, Paris, Gallimard, 1997.

[6] BERNARD BAILYN, *The Ideological Origins of the American Revolution*, Cambridge, Massachusetts, Harvard University Press, 1967.

[7] PAUL BÉNICHOU, *Le sacre de l'écrivain (1750-1830)*, Paris, José Corti, 1973.

[8] ISAIAH BERLIN, *À contre-courant, essai sur l'histoire*

des idées, trad. A. Berelowitch, Paris, Albin Michel, 1988.

[9] ISAIAH BERLIN, *Le bois tordu de l'humanité. Romantisme, nationalisme et totalitarisme*, trad. H. Thymbres, Paris, Albin Michel, 1992.

[10] RICHARD BERNSTEIN, *Dictatorship of Virtue. Multiculturalism and the Battle for America's Future*, New York, Alfred Knopf, 1994.

[11] PIERRE BIRNBAUM, *Les fous de la République. Histoire politique des Juifs d'État, de Gambetta à Vichy*, Paris, Fayard, 1992.

[12] PIERRE BIRNBAUM, « Grégoire, Dreyfus, Drancy et Copernic. Les Juifs au cœur de l'histoire de France », *in* Pierre Nora, *Les lieux de mémoire*, III. *Les France*, 1. *Conflits et partages*, Paris, Gallimard, 1992.

[13] PIERRE BIRNBAUM, *La France imaginée. Déclin des rêves unitaires ?*, Paris, Fayard, 1998.

[14] LÉON BLUM, *L'œuvre, 1940-1945*, Paris, Albin Michel, 1955.

[15] LÉON BLUM, *L'œuvre, 1947-1950*, Paris, Albin Michel, 1963.

[16] PIERRE BOURETZ, « L'*Affirmative Action* ou les infortunes de l'égalité », *Pouvoirs*, nº 59, La Cour suprême des États-Unis, 1991, p. 115-128.

[17] PIERRE BOURETZ, postface à Élie Halévy, *La formation du radicalisme philosophique*, tome II, *L'évolution de la doctrine utilitaire de 1789 à 1815* (1901), Paris, Puf, 1995.

[18] PIERRE BOURETZ, préface à Ronald Dworkin, *Prendre les droits au sérieux*, trad. M.-J. Rossignol et F. Limare, présentation F. Michaut, Paris, Puf, 1995.

[19] PIERRE BOURETZ, *Les promesses du monde. Philosophie de Max Weber*, Paris, Gallimard, 1996.

[20] PIERRE BOURETZ, « Raisons et horizons de la démocratie. Jürgen Habermas face à la question politique », *Le Débat*, n° 104, mars-avril 1999.

[21] PHILIPPE BOUTRY, « Dieu », *in* Jean-François Sirinelli (dir.), *Histoire des droites en France*, 3. *Sensibilités*, Paris, Gallimard, 1992.

[22] CARLRICHARD BRÜHL, *Naissance de deux peuples. Français et Allemands (IXe-XIe siècle)*, trad. G. Duchet-Suchaux, Paris, Fayard, 1994.

[23] ERNST CASSIRER, *Le problème Jean-Jacques Rousseau*, trad. M. B. de Launay, préface de Jean Starobinski, Paris, Hachette, 1987.

[24] ERNST CASSIRER, *Rousseau, Kant, Goethe. Deux essais*, trad. J. Lacoste, Paris, Belin, 1991.

[25] FRANÇOISE CHAMPION, « Entre laïcisation et sécularisation. Des rapports Église-État dans l'Europe communautaire », *Le Débat*, n° 77, novembre-décembre 1993.

[26] JEAN-MICHEL CHAUMONT, *La concurrence des victimes. Génocide, identité, reconnaissance*, Paris, La Découverte, 1997.

[27] ÉRIC CONAN et HENRY ROUSSO, *Vichy, un passé qui ne passe pas*, Paris, Fayard, 1994.

[28] BENJAMIN CONSTANT, *De la liberté chez les Modernes. Écrits politiques*. Textes choisis, présentés et annotés par Marcel Gauchet, Paris, Le Livre de Poche, « Pluriel », 1980.

[29] RÉGIS DEBRAY, *Que vive la République*, Paris, Odile Jacob, 1989.

[30] RÉGIS DEBRAY, *À demain de Gaulle*, Paris, Gallimard, 1990.

[31] RÉGIS DEBRAY, *Contretemps. Éloges des idéaux perdus*, Paris, Gallimard, « Folio actuel », 1992.

[32] Jacques D'Hont, *Hegel. Biographie*, Paris, Calmann-Lévy, 1998.

[33] Claude Digeon, *La crise allemande de la pensée française*, Paris, Puf, 1959.

[34] Dinesh D'Souza, *L'éducation libérale contre les libertés. Politiques de la race et du sexe sur les campus américains* (1991), trad. Ph. Delamare, Paris, Gallimard, 1993.

[35] Dinesh D'Souza, *The End of Racism*, New York, Free Press, 1995.

[36] Jean Dubois, *Le vocabulaire politique et social en France de 1869 à 1872*, Paris, Larousse, 1962.

[37] Louis Dumont, *Essais sur l'individualisme. Une perspective anthropologique sur l'idéologie moderne*, Paris, Seuil, 1983.

[38] Louis Dumont, « Tocqueville et le respect de l'autre », discours de réception du prix Tocqueville, *Esprit*, août-septembre 1987.

[39] Louis Dumont, *L'idéologie allemande. France-Allemagne et retour*, Paris, Gallimard, 1991.

[40] John Dunn, *La pensée politique de John Locke* (1969), trad. J.-F. Baillon, Paris, Puf, 1991.

[41] Émile Durkheim, *La science sociale et l'action* (1905), Paris, Puf, 1970.

[42] Ronald Dworkin, *L'empire du droit* (1986), trad. E. Soubrenie, Paris, Puf, 1994.

[43] Ronald Dworkin, *Une question de principe* (1985), trad. A. Guillain, Paris, Puf, 1996.

[44] Max Farrand (Ed.), *The Records of the Federal Convention of 1787* (1911), New Haven-Londres, Yale University Press, 1937, 3 vol., et James H. Hutson (Ed.), *Supplement to Max Farrand's « The Records of the Federal Convention*

of 1787 », New Haven-Londres, Yale University Press, 1987.

[45] ÉRIC FASSIN, « La chaire et le canon. Les intellectuels, la politique et l'Université aux États-Unis », *Annales ESC*, 1993.

[46] JULES FERRY, *La République des citoyens*, présentation Odile Rudelle, Paris, Imprimerie nationale, 1996.

[47] JULES FERRY, « Lettre aux instituteurs », 27 novembre 1883, reproduite dans *Pouvoirs*, n° 75, 1995.

[48] FRANÇOIS FURET, *Penser la Révolution française*, Paris, Gallimard, 1978.

[49] FRANÇOIS FURET, JACQUES JULLIARD, PIERRE ROSANVALLON, *La République du centre. La fin de l'exception française*, Paris, Calmann-Lévy, 1986.

[50] FRANÇOIS FURET, « Ancien Régime », *in* François Furet et Mona Ozouf (dir.), *Dictionnaire critique de la Révolution française*, Paris, Flammarion, 1988.

[51] FRANÇOIS FURET, « Constitution civile du clergé », in *ibid.*

[52] FRANÇOIS FURET, *La Révolution, 1770-1880*, Paris, Hachette, 1988.

[53] FRANÇOIS FURET, « L'Ancien Régime et la Révolution », *in* Pierre Nora (dir.), *Les lieux de mémoire*, III. *Les France*. 1. *Conflits et partages*, Paris, Gallimard, 1992.

[54] HANS-GEORG GADAMER, *Vérité et méthode. Les grandes lignes d'une herméneutique philosophique*, trad. P. Fruchon, J. Grondin et G. Merlio, Paris, Seuil, 1996.

[55] MARCEL GAUCHET, « Benjamin Constant : l'illusion lucide du libéralisme », préface à Benja-

min Constant, *De la liberté chez les Modernes*, Paris, Le Livre de Poche, « Pluriel », 1980.

[56] MARCEL GAUCHET, « Droits de l'homme », in François Furet et Mona Ozouf (dir.), *Dictionnaire critique de la Révolution française*, Paris, Flammarion, 1988, p. 684-695.

[57] MARCEL GAUCHET, *La révolution des droits de l'homme*, Paris, Gallimard, 1989.

[58] MARCEL GAUCHET, « La droite et la gauche », in Pierre Nora (dir.), *Les lieux de mémoire*, III. *Les France*, 1. *Conflits et partages*, Paris, Gallimard, 1992, p. 395-467.

[59] MARCEL GAUCHET, *La religion dans la démocratie. Parcours de la laïcité*, Paris, Gallimard, 1998.

[60] LEAH GREENFELD, *Nationalism : Five Roads to Modernity*, Cambridge, Mass., Harvard University Press, 1992.

[61] ILAN GREILSAMMER, *La nouvelle histoire d'Israël. Essai sur une identité nationale*, Paris, Gallimard, 1998.

[62] FRANÇOIS GUIZOT, *Histoire de la civilisation en Europe, depuis la chute de l'Empire romain jusqu'à la Révolution française*, édition établie, présentée et annotée par Pierre Rosanvallon, Paris, Hachette, « Pluriel », 1985.

[63] JÜRGEN HABERMAS, « De l'usage public de l'histoire » (1986), trad. R. Rochlitz et Ch. Bouchindhomme, in *Devant l'histoire. Les documents de la controverse sur la singularité de l'extermination des Juifs par le régime nazi*, préface de Luc Ferry, introduction de Joseph Rovan, Paris, Cerf, 1988.

[64] JÜRGEN HABERMAS, *Le discours philosophique de la modernité. Douze conférences* (1985), trad. Ch. Bouchindhomme et R. Rochlitz, Paris, Gallimard, 1988.

[65] JÜRGEN HABERMAS, *Écrits politiques*, trad. Ch. Bouchindhomme et R. Rochlitz, Paris, Cerf, 1990.

[66] JÜRGEN HABERMAS, *Droit et démocratie. Entre faits et normes*, trad. R. Rochlitz et Ch. Bouchindhomme, Paris, Gallimard, 1997.

[67] LOUIS HARTZ, *The Liberal Tradition in America*, New York, Harcourt Brace Javanovich, 1983.

[68] G. W. F. HEGEL, *La phénoménologie de l'esprit*, trad. J. Hyppolite, Paris, Aubier Montaigne, 1941, 2 vol.

[69] G. W. F. HEGEL, *Leçons sur la philosophie de l'histoire*, trad. J. Gibelin, Paris, Vrin, 1987.

[70] G. W. F. HEGEL, *Fragments de la période de Berne*, trad. R. Legros et F. Verstraeten, Paris, Vrin, 1987.

[71] G. W. F. HEGEL, *Leçons sur l'histoire de la philosophie*, tome VII, trad. P. Garniron, Paris, Vrin, 1991.

[72] HEINRICH HEINE, *De la France* (1833-1857), G. Höhn et B. Morawe (dir.), Paris, Gallimard, 1994.

[73] DANIÈLE HERVIEU-LÉGER, *La religion pour mémoire*, Paris, Cerf, 1993.

[74] JOHN HIGHAM, « Multiculturalism and Universalism : A History and Critique », *American Quaterly*, 1993, n° 2.

[75] KARL JASPERS, *La culpabilité allemande* (1946), trad. J. Hersch, préface de Pierre Vidal-Naquet, Paris, Minuit, 1990.

[76] LUCIEN JAUME, *L'individu effacé ou le Paradoxe du libéralisme français*, Paris, Fayard, 1997.

[77] THOMAS JEFFERSON, *Notes on the State of Virginia*

(1785), in *Writings*, Cambridge, The Library of America, 1984.

[78] EMMANUEL KANT, *Le conflit des facultés*, trad. A. Renaut, in *Œuvres philosophiques III*, Paris, Gallimard, « Bibliothèque de la Pléiade », 1986.

[79] ERNST KANTOROWICZ, *Mourir pour la patrie et autres textes*, trad. L. Mayali et A. Schütz, présentation Pierre Legendre, Paris, Puf, 1984.

[80] ERNST KANTOROWICZ, *L'empereur Frédéric II* (1927), trad. A. Kohn, Paris, Gallimard, 1987.

[81] ERNST KANTOROWICZ, *Les deux corps du roi. Essais sur la théologie politique au Moyen Âge* (1957), trad. J.-P. Genet et N. Genet, Paris, Gallimard, 1989.

[82] FARHAD KHOSROKHAVAR, « L'universel abstrait, le politique et la construction de l'islamisme comme forme d'altérité », *in* Michel Wierviorka (dir.), *Une société fragmentée ? Le multiculturalisme en débats*, Paris, La Découverte, 1997.

[83] CATHERINE KINTZLER, *La République en questions*, Paris, Minerve, 1996.

[84] REINHART KOSELLECK, *L'expérience historique*, trad. A. Escudier, Paris, Gallimard-Le Seuil, 1997.

[85] ALEXANDRE KOYRÉ, *La philosophie et le problème national en Russie au début du XIXe siècle* (1929), Paris, Gallimard, 1976.

[86] ALEXANDRE KOYRÉ, « Condorcet », in *Études d'histoire de la pensée philosophique*, Paris, Gallimard, 1971.

[87] BLANDINE KRIEGEL, « Parité et principe d'égalité », in Conseil d'État, *Études et documents*, n° 48, rapport public 1996. *Sur le principe d'égalité*, Paris, La Documentation française, 1996.

[88] PHILIP B. KURLAND, RALPH LERNER (Ed.), *The Founders' Constitution*, Chicago-Londres, The University of Chicago Press, 1987, 5 vol.

[89] ÉDOUARD LABOULAYE, *Le Parti libéral, son programme et son avenir*, Paris, Charpentier, 1863.

[90] DENIS LACORNE, *L'invention de la république. Le modèle américain*, Paris, Hachette, « Pluriel », 1991.

[91] DENIS LACORNE, « Des coups de canon dans le vide ? La "civilisation occidentale" dans les universités américaines », *Vingtième Siècle*, n° 43, 1994.

[92] DENIS LACORNE, *La crise de l'identité américaine. Du melting-pot au multiculturalisme*, Paris, Fayard, 1997.

[93] CLAUDE LANGLOIS, « Catholiques et laïcs », *in* Pierre Nora (dir.), *Les lieux de mémoire*, III. *Les France*, 1. *Conflits et partages*, Paris, Gallimard, 1992.

[94] CLAUDE LEFORT, préface à Gordon S. Wood, *La création de la république américaine, 1776-1787* (1969), trad. F. Delastre, Paris, Belin, 1991.

[95] ÉMILE LITTRÉ, *Auguste Comte et la philosophie positive*, Paris, Hachette, 1864.

[96] ÉMILE LITTRÉ, *Conservation, révolution, positivisme*, Paris, Aux Bureaux de la philosophie positive, 1879 (version profondément remaniée de l'édition originale de 1851).

[97] ÉMILE LITTRÉ, *De l'établissement de la IIIe République*, Paris, Aux Bureaux de la philosophie positive, 1880.

[98] GEORG LUKÁCS, *Goethe et son époque*, trad. L. Goldmann, Paris, Nagel, 1949.

[99] JEAN-PIERRE MACHELON, *La République contre les*

libertés ?, Paris, Presses de la Fondation nationale des sciences politiques, 1976.

[100] Ossip Mandelstam, *La rage littéraire*, trad. L. Denis, Paris, Gallimard, 1972.

[101] Pierre Manent, *Tocqueville et la nature de la démocratie*, Paris, Julliard, 1982.

[102] Thomas Mann, *Considérations d'un apolitique*, trad. L. Servicen et J. Naujac, Paris, Grasset, 1975.

[103] Jean-Marie Mayeur, *La question laïque, XIXe-XXe siècle*, Paris, Fayard, 1997.

[104] Arthur M. Melzer, *Rousseau, la bonté naturelle de l'homme. Essai sur le système de pensée de Rousseau*, trad. J. Mouchard, Paris, Belin, 1998.

[105] Jules Michelet, *Cours au Collège de France, 1838-1851*, éd. Paul Viallaneix, Paris, Gallimard, 1995, 2 vol.

[106] George Mosse, *German Jews Beyond Judaism*, Bloomington, Indiana University Press, 1983.

[107] Claude Nicolet, *L'idée républicaine en France. Essai d'histoire critique*, Paris, Gallimard, 1982.

[108] Friedrich Nietzsche, *Considérations inactuelles II* (1874), in *Œuvres philosophiques complètes*, tome II, éd. Giorgio Colli et Mazzimo Montinari, trad. P. Rusch, Paris, Gallimard, 1990.

[109] Thomas Nipperdey, *Réflexions sur l'histoire allemande*, trad. Cl. Orsoni, Paris, Gallimard, 1992.

[110] Ernst Nolte, « Un passé qui ne veut pas passer » (1986), trad. B. Vergne-Cain, in *Devant l'histoire. Les documents de la controverse sur la singularité de l'extermination des Juifs par le régime*

nazi, préface de Luc Ferry, introduction de Joseph Rovan, Paris, Cerf, 1988.

[111] PIERRE NORA, « L'*Histoire de France* de Lavisse », *in* Pierre Nora (dir.), *Les lieux de mémoire*, II. *La nation*, Paris, Gallimard, 1986.

[112] PIERRE NORA, « L'ère de la commémoration », *in* Pierre Nora (dir.), *Les lieux de mémoire*, III. *Les France*, 3. *De l'archive à l'emblème*, Paris, Gallimard, 1992.

[113] PIERRE NORA, « Gaullistes et communistes », *in* Pierre Nora (dir.), *Les lieux de mémoire*, III. *Les France*, 1. *Conflits et partages*, Paris, Gallimard, 1992.

[114] JACQUES OZOUF, *Nous les maîtres d'école. Autobiographies d'instituteurs à la Belle Époque*, Paris, Gallimard-Julliard, 1973.

[115] JACQUES OZOUF, MONA OZOUF, avec la collaboration de Véronique Aubert et Claire Steindecker, *La république des instituteurs*, Paris, Gallimard-Seuil, 1992.

[116] MONA OZOUF, « Régénération », *in* François Furet et Mona Ozouf (dir.), *Dictionnaire critique de la Révolution française*, Paris, Flammarion, 1988.

[117] MONA OZOUF, « Religion révolutionnaire », in *ibid*.

[118] MONA OZOUF, *L'homme régénéré, essais sur la Révolution française*, Paris, Gallimard, 1989.

[119] ROBERT O. PAXTON, *La France de Vichy 1940-1944*, trad. Cl. Bertrand, préface de Stanley Hoffmann, Paris, Seuil, 1973.

[120] ROBERT O. PAXTON et MICHAEL MARRUS, *Vichy et les Juifs*, trad. M. Delmotte, Paris, Calmann-Lévy, 1981.

[121] Alexis Philonenko, *Jean-Jacques Rousseau et la pensée du malheur*, Paris, Vrin, 1984, 3 vol.

[122] Évelyne Pisier, « Des impasses de la parité », *in* Conseil d'État, *Études et documents*, n° 48, rapport public 1996, sur le principe d'égalité, Paris, La Documentation française, 1996.

[123] Antoine Prost, *Histoire de l'enseignement en France*, Paris, Armand Colin, 1968.

[124] Philippe Raynaud, « Révolution américaine », *in* François Furet et Mona Ozouf (dir.), *Dictionnaire critique de la Révolution française*, Paris, Flammarion, 1988.

[125] Philippe Raynaud, préface à Edmund Burke, *Réflexions sur la Révolution de France*, trad. P. Andler, Paris, Hachette, 1989.

[126] René Rémond, *L'anticléricalisme en France. De 1815 à nos jours* (1976), nouvelle éd., Bruxelles, Éditions Complexe, 1992.

[127] Charles de Rémusat, « Des mœurs du temps » (1825-1826), in *Critiques & études littéraires. Passé et présent*, Paris, Didier et Cie, 1859, vol. I.

[128] Charles de Rémusat, *Politique libérale, ou Fragments pour servir à la défense de la Révolution française*, Paris, Michel Lévy Frères, 1860.

[129] Ernest Renan, *Qu'est-ce qu'une nation ?*, conférence de 1882 et autres textes politiques choisis et présentés par Joël Roman, Paris, Presses Pocket, 1992.

[130] Alain Renaut, *Les révolutions de l'université. Essai sur la modernisation de la culture*, Paris, Calmann-Lévy, 1995.

[131] Alain Rey, *Littré, l'humaniste et les mots*, Paris, Gallimard, 1970.

[132] Stéphane Rials (présentation), *La déclaration*

des droits de l'homme et du citoyen, Paris, Hachette, 1988.

[133] PAUL RICŒUR, « La liberté selon l'espérance », in *Le conflit des interprétations, essai d'herméneutique*, Paris, Seuil, 1969.

[134] PAUL RICŒUR, *Temps et récit III. Le temps raconté*, Paris, Seuil, 1985.

[135] PAUL RICŒUR, entretien « Sur la philosophie française », *Revue des sciences philosophiques et théologiques*, tome 74, n° 1, janvier 1990.

[136] PAUL RICŒUR, *La critique et les convictions*, entretiens avec François Azouvi et Marc de Launay, Paris, Calmann-Lévy, 1995.

[137] JEAN RIVERO, « La notion juridique de laïcité », *Recueil Dalloz*, 1949.

[138] PIERRE ROSANVALLON, *Le moment Guizot*, Paris, Gallimard, 1985.

[139] PIERRE ROSANVALLON, *Le sacre du citoyen. Histoire du suffrage universel en France*, Paris, Gallimard, 1992.

[140] PIERRE ROSANVALLON, « L'histoire du mot démocratie à l'époque moderne », in *La pensée politique. Situations de la démocratie*, Paris, Gallimard-Seuil, 1993.

[141] HENRY ROUSSO, *Le syndrome de Vichy, 1945-198...*, Paris, Seuil, 1987.

[142] STÉPHANE ROZÈS, « L'opinion entre Europe rêvée et Europe réelle », *Le Banquet*, n° 8, 1er semestre 1996.

[143] ODILE RUDELLE, *La République absolue. Aux origines de l'instabilité constitutionnelle de la France républicaine 1870-1889*, Paris, Publications de la Sorbonne, 1982.

[144] MARC SADOUN, *De la démocratie française. Essai sur le socialisme*, Paris, Gallimard, 1993.

[145] WILHELM SCHAPP, *Empêtrés dans des histoires. L'être de l'homme et de la chose* (1983), trad. J. Greisch, Paris, Cerf, 1992.

[146] DOMINIQUE SCHNAPPER, *La relation à l'autre. Au cœur de la pensée sociologique*, Paris, Gallimard, 1998.

[147] GERSHOM SCHOLEM, *De Berlin à Jérusalem, souvenirs de jeunesse* (1977), trad. S. Bollack, Paris, Albin Michel, 1984.

[148] ANDRÉ SIEGFRIED, *Tableau politique de la France de l'Ouest sous la IIIe République*, Paris, Armand Colin, 1913.

[149] ANDRÉ SIEGFRIED, *Les États-Unis d'aujourd'hui* (1927), Paris, Armand Colin, 1931.

[150] GERMAINE DE STAËL, *De l'Allemagne* (1810), in *Œuvres complètes de Mme la baronne de Staël*, Paris, Treuttel et Würtz, 1820, tomes X et XI.

[151] JEAN STAROBINSKI, *Jean-Jacques Rousseau. La transparence et l'obstacle*, Paris, Gallimard, 1971.

[152] JEAN STAROBINSKI, *1789. Les emblèmes de la Raison*, Paris, Flammarion, 1979.

[153] GEORGE STEINER, *Dans le château de Barbe-Bleue. Notes pour une redéfinition de la culture*, trad. L. Lotringer, Paris, Gallimard, 1990.

[154] FRITZ STERN, *Politique et désespoir. Les ressentiments contre la modernité dans l'Allemagne préhitlérienne* (1961), trad. C. Malamoud, Paris, Armand Colin, 1990.

[155] ZEEV STERNHELL, *La droite révolutionnaire, 1885-1914*, nouvelle éd., Paris, Gallimard, 1997.

[156] EMMANUEL TERRAY, *Une passion allemande :*

Luther, Kant, Schiller, Hölderlin, Kleist, Paris, Seuil, 1994.

[157] ALEXIS DE TOCQUEVILLE, *L'Ancien Régime et la Révolution*, in *Œuvres complètes*, tome II, Paris, Gallimard, 1952, 2 vol.

[158] ALEXIS DE TOCQUEVILLE, *Écrits et discours politiques*, in *Œuvres complètes*, tome III, Paris, Gallimard, 1985.

[159] ALEXIS DE TOCQUEVILLE, *De la démocratie en Amérique* (1835-1840), in *Œuvres II*, Paris, Gallimard, « Bibliothèque de la Pléiade », 1992.

[160] ALAIN TOURAINE, *Qu'est-ce que la démocratie?*, Paris, Fayard, 1994.

[161] PIERRE et LUCIEN VIDAL-NAQUET, « Présentation d'un document » et « Journal, 15 septembre 1942-29 février 1944 », *Annales ESC*, 1993, n° 3.

[162] ÉRIC VIGNE, *L'essai*, Agence pour la diffusion de la pensée française-ministère des Affaires étrangères, Paris, 1997.

[163] VOLTAIRE, *Dictionnaire philosophique*, Paris, Imprimerie nationale, 1994.

[164] NATHAN WACHTEL, *Le retour des ancêtres. Les Indiens urus de Bolivie, XXe-XVIe siècle. Essai d'histoire régressive*, Paris, Gallimard, 1990.

[165] MICHAEL WALZER, *La révolution des saints* (1965), trad. V. Giroud, Paris, Belin, 1987.

[166] MICHAEL WALZER, *Régicide et Révolution. Le procès de Louis XVI. Discours et controverses* (1974), trad. J. Debouzy, Paris, Payot, 1989.

[167] MICHEL WIEVIORKA, « Culture, société et démocratie » in Michel Wieviorka (dir.), *Une société fragmentée? Le multiculturalisme en débat*, Paris, La Découverte, 1997.

[168] GORDON S. WOOD, *La création de la république américaine, 1776-1787* (1969), trad. F. Delastre, Paris, Belin, 1991.

[169] OLIVIER ZUNZ, « Genèse du pluralisme américain », *Annales ESC*, 1987.

NOTES

1. J'ai déjà pris dans ce paragraphe un risque : celui de réifier en substance immuable une entité historique, sociale et culturelle infiniment complexe. D'autres figures du même type viendront à coup sûr, directement (les Français), ou par comparaison (avec les Américains, les Allemands...). Outre le fait que de telles simplifications du langage comme d'autres encore (l'imaginaire français...) évitent d'encombrantes périphrases, l'un des enjeux de ce texte est de montrer que l'analyse, ce faisant, en subvertit le sens.

2. Sauf indication contraire, les débats révolutionnaires sont cités d'après la réimpression de l'*Ancien Moniteur*, Paris, Henri Plon, 1858-1863, 21 vol.

3. Citant après d'autres [5, p. 302 ; 132, p. 11] cette formule, Alain Finkielkraut la replace bien dans la perspective d'une opposition entre la définition politique de la nation en France et celle que l'Allemagne cherchera à lui donner par la culture. Avec elle, il restitue le fondement révolutionnaire du modèle républicain français : « La nation transforme des hommes attachés à leurs croyances particulières en hommes universels et rationnels », Alain Finkielkraut, *L'ingratitude. Conversation sur notre temps*, Paris, Gallimard, 1999, p. 92.

4. Afin de compléter cette analyse et de saisir les liens relativement complexes entre les techniques de l'*affirmative action* et les politiques multiculturalistes, il faudrait introduire le paradoxe d'une critique des premières, issue à la fois des rangs conservateurs et de la gauche radicale américaine [voir sur ce point 146, p. 324 sq].

5. La formule précise des *Cahiers* de Montesquieu ici développée par Louis Dumont [39, p. 16] dans une perspective comparatiste est la suivante : « Si je savais une chose utile à ma nation qui fût ruineuse à une autre, je ne la présenterais pas à mon prince, parce que je suis homme avant d'être français (ou bien) parce que je suis nécessairement homme et que je ne suis français que par accident. » Elle est également citée par Dominique Schnapper, afin d'illustrer l'articulation, chez Montesquieu, d'un relativisme présociologique et de l'universalisme humaniste [146, p. 42].

6. On trouverait une interprétation en quelque sorte radicale de cette opposition dans la manière dont Emmanuel Terray décrit *Une passion allemande* qui se décline précisément au travers d'un rapport radical à la figure de l'absolu. À ses yeux, en effet, qu'elle soit perçue au travers de Luther, Schiller, Hölderlin ou Kleist, la passion dominante de la culture allemande est liée à la recherche de l'absolu, vécue comme une véritable passion « dans tous les sens du terme : un désir forcené, un cheminement douloureux » [156, p. 17]. À quoi l'auteur ajoute que si la France possède elle aussi quelques « fanatiques », comme Pascal, Rousseau, Sade ou Baudelaire, « ils font figure d'étrangers dans la maison » tandis que « nous pressentons obscurément que le génie de la France est ailleurs ».

7. Marcel Gauchet, « L'État au miroir de la raison d'État : la France et la chrétienté », *in* Yves Charles Zarka (dir.), *Raison et déraison d'État*, Paris, Puf, 1994, p. 207. Il faut rappeler que si le premier traité sur la raison d'État est celui de Giovanni Botero *(Della ragion di Stato)* et ne date que de 1589, la discussion à ce sujet tourne autour de Machiavel, depuis l'affirmation de Friedrich Meinecke, dans son *Idée de la raison d'État dans l'histoire des Temps modernes*, selon laquelle toute l'œuvre du philosophe plaide cette thèse, en dépit de l'absence de la notion elle-même. Directement tourné contre l'orientation des investigations autour de la raison d'État vers ce problème du machiavélisme, ce texte de Marcel Gauchet est également à lire en contrepoint de la thèse de Reinhart Koselleck sur le conflit entre une raison d'État inventée par la monarchie en réponse aux guerres de religion et les élites des Lumières qui voient en elle un abus de pouvoir, objet légitime de la critique. Voir Reinhart Kosselleck, *Le règne de la critique*, trad. Hans Hildenbrand, Paris, Minuit, 1979.

8. François Furet, « Quinet », *in* François Furet et Mona Ozouf (dir.), *Dictionnaire critique de la Révolution française*, Paris, Flammarion, 1988, p. 1041. Ce texte de François Furet offre l'analyse la plus limpide des thèses, d'interprétation difficile, de Quinet et notamment de sa *Révolution* de 1865. Voir la réédition de cette dernière, avec une préface de Claude Lefort : *La Révolution*, Paris, Belin, 1987. Dans sa préface à cet ouvrage et deux autres textes, Claude Lefort livre une lecture plus âpre de l'œuvre de Quinet, de sa « théorie de la Terreur » et de l'idée d'une révolution véritablement « manquée », soulignant au passage les raisons de son oubli durable : le fait notamment qu'elle ne sauvait pas même cette part d'universalité

que Tocqueville percevait en 1789 et donnait radicalement congé aux notions d'un peuple messie ou d'une nation élue que défendait Michelet. Voir Claude Lefort, « Edgar Quinet : la Révolution manquée », in *Essais sur le politique. XIXe-XXe siècle*, Paris, Seuil, 1986, pp. 140-161, et « La révolution comme religion nouvelle », in *Écrire — À l'épreuve du politique*, Paris, Calmann-Lévy, 1992, p. 247-260.

9. Sur le pangermanisme, son idéologie, ses organisations et sa place dans l'histoire allemande, on se reportera à l'ouvrage de Michel Korinman, *« Deutschland über alles ». Le pangermanisme (1890-1945)*, Paris, Fayard, 1999.

10. *Le Monde*, 4 septembre 1998. Voici la liste des huit signataires de ce texte et les titres qu'ils mettent en avant : Régis Debray (écrivain et philosophe), Max Gallo (écrivain), Jacques Julliard (historien, directeur délégué du *Nouvel Observateur*), Blandine Kriegel (philosophe, professeur des universités), Olivier Mongin (directeur de la revue *Esprit*), Mona Ozouf (historienne), Anicet Le Pors (conseiller d'État, ancien ministre délégué auprès du Premier ministre chargé de la Fonction publique et des Réformes administratives), Paul Thibaud (ancien directeur de la revue *Esprit*). Suite à ce texte, *Le Monde* a publié le 11 septembre 1998 une réponse de Daniel Bensaïd, Philippe Corcuff et Samuel Johsua, puis, le 17 septembre, les réactions de Jean-Jacques Dupeyroux, Alain Minc et Christophe Prochasson. La controverse s'est close le 28 octobre, dans les colonnes du même journal, avec un texte intitulé « Républicains, refusons la nation à deux étages ! », signé par les rédacteurs du texte initial, moins Olivier Mongin.

11. Est-ce un hasard si l'un des rares grands hommes politiques français qui ait creusé la distinc-

tion sémantique et politique entre république et démocratie soit encore un homme des mots ? Toujours est-il que Léon Blum a souvent joué de la proximité de ces termes et des subtiles spécificités qui les séparent. À titre d'illustration, lorsqu'il analyse le procès de Riom, qui offre la version sérieuse de l'attaque contre la République, il prend soin de préciser qu'en la circonstance la volonté de liquidation n'est paslimitée à cette dernière, mais « est étendue à la démocratie » [14, p. 413]. Puis, d'une autre manière, au moment où la reconstruction politique pose la question de la place de son parti, il la définit à partir de la polarisation des deux références : « Défense du socialisme et de la démocratie contre le communisme, défense de la démocratie et de la république contre le gaullisme » [15, p. 111-112]. Sur la manière dont plus généralement le socialisme français peut dessiner son espace politique par une géométrie variable du triptyque républicain (liberté, souveraineté, éducation), voir les analyses de Marc Sadoun [144, p. 44 sq].

12. Ce phénomène a suscité très tôt l'analyse des observateurs, au point que sa description se confond presque avec l'apparition d'une science politique française. C'est en effet André Siegfried qui le premier a dégagé, dès 1913 et non sans une certaine ironie, la loi qui « tend à tasser les partis, à les vider de leur énergie de gauche, pour les rejeter vers le centre, paradis des satisfaits » [148, p. 496-497]. De manière plus générale, sur l'origine, la signification topographique, l'analyse en longue durée et le statut conceptuel de la division droite/gauche en France, il faut lire Marcel Gauchet [58], qui plaide notamment contre la prédiction d'un effacement de cette division, au nom de son enracinement anthropologique. Cette dernière idée orientait également l'*Histoire des droites en*

France dirigée par Jean-François Sirinelli, Paris, Gallimard, 1992, 3 vol.

13. Lettre ouverte à Lionel Jospin, *Le Nouvel Observateur*, 29 octobre 1989, [reproduite in 83, p. 78-81].

14. On trouvera une lecture tout à la fois plus précise et moins soupçonneuse de cette dernière séquence chez Pierre Birnbaum [12], qui la réinscrit dans la longue durée au travers de noms qui sont autant de symboles : Grégoire, Dreyfus, Drancy et Copernic.

15. Philippe Burin, « Vichy », *in* Pierre Nora (dir.), *Les lieux de mémoire*, III, *Les France*, 1. *Conflits et partages*, Paris, Gallimard, 1992, p. 342. Puisque ni Henry Rousso et Éric Conan ni Philippe Burin ne contestent cette culpabilité du régime de Vichy vis-à-vis des droits de l'homme, on finit par se demander quel est l'objet de tels propos. S'il s'agit d'enjeux purement historiographiques, Philippe Burin esquisse une réponse, lorsqu'il ajoute que les deux perspectives successivement adoptées sur cette période ont en commun de gommer ou d'éliminer l'« utopie radicale qui était au fond du projet pétainiste ». Le paradoxe est toutefois que lorsque les travaux les plus novateurs sur cette question sont une nouvelle fois venus d'ailleurs, on ne sache pas que Zeev Sternhell ait reçu un accueil particulièrement chaleureux. Il faut dire que l'historien israélien osait une généalogie française de cette utopie, élaborée comme réponse à un sentiment de crise de l'identité nationale avant de s'actualiser à la faveur des circonstances (le long essai liminaire ajouté à la nouvelle édition de sa *Droite révolutionnaire*, initialement publiée en 1978, offre en quelque sorte une réponse aux très nombreuses objections faites à l'ouvrage, en replaçant cette analyse des « origines françaises du fascisme » dans le contexte intellectuel euro-

péen [155, p. ix-lxxxiii]). Syndrome pour syndrome, on peut alors se demander si, plus généralement, la France n'éprouve pas, au sein même de sa meilleure tradition historiographique, une difficulté à affronter les blessures de son image de nation élue ou de peuple parfait, ce dont attesterait d'une autre manière la rareté des travaux sur les guerres coloniales et même le silence sur certains de leurs événements. Mais parce que, d'évidence en l'affaire, l'historien se fait aussi moraliste et juge de son époque, il faut sans doute préciser un dernier point, lié aux effets estimés pernicieux du « devoir de mémoire ». S'agirait-il ici de lui opposer un supposé « devoir d'oubli », plus ou moins inspiré d'une remarque de Nietzsche, qu'il faudrait encore rappeler que ce dernier ne parlait que d'utilité ou de nécessité et que l'immoraliste lui-même savait la différence entre le besoin et l'obligation. Autrement dit, outre le fait que la proposition selon laquelle les peuples ne peuvent s'envisager un avenir qu'en occultant une part de leur passé mériterait d'être discutée, on peut penser que c'est moins l'excès de mémoire qui menace nos sociétés que sa ritualisation dans des formes de repentance qui visent plus à annuler la dette envers le passé et ses victimes qu'à entretenir les formes d'une conscience critique de l'histoire.

INDEX*

Absolutisme : 47, 126, 131, 136, 181-182, 184, 216-217. *Voir* Monarchie.
ADAMS, John : 45.
Affirmative action : 64-66, 260 n. 4.
Afrique : 62.
ALEMBERT, Jean Le Rond d', DIDEROT, Denis. *Encyclopédie (L')* : 91.
Allemagne : 21, 23-24, 27-28, 31, 33, 60, 74, 82-91, 94-98, 102-104, 107-110, 112-121, 127, 145, 202, 210, 228, 233, 235, 259 n. 1 et 3, 260 n. 6, 262 n. 9.
Réunification : 235.
Alternance : 122.
Amérique : *voir* États-Unis.
Anarchisme : 120, 161, 187.
Ancien régime : 45, 48, 135, 142, 158, 160-162, 179. 181.
Angleterre : *voir* Grande-Bretagne.
Anticléricalisme : 147, 165, 178, 181, 185-186, 188 198-199, 216.
Antisémitisme : 210.

---

* Établi par Isabelle Soulet-Winock.

ARENDT, Hannah : 46, 48, 58, 120.
Aristocratie, aristocrate : 145.
ARISTOTE : 62.
ARON, Raymond : 92, 207.
  Mémoires : 207.
Assimilation : 60, 71, 204, 215.
ASSMANN, Aleida : 91, 97.
Athéisme : 182.

BADINTER, Élisabeth : 166.
BAILYN, Bernard : 56.
BAUDELAIRE, Charles : 260 n. 6.
BENAZZI, Abdelatif : 215.
BÉNICHOU, Paul : 88, 142.
  Sacre de l'écrivain (Le) : 88, 142.
BENSAÏD, Daniel : 262 n. 10.
BERLIN, Isaiah : 104, 126-127.
BIRNBAUM, Pierre : 124, 126, 128, 168, 207, 213-214, 264 n. 13.
  Fous de la République (Les) : 207.
  France imaginée (La) : 124.
BISMARCK, Otto von : 108.
BLACKMUN, juge Harry A. : 66.
BLOCH, Marc : 34, 207-208.
  Étrange défaite (L') : 209.
BLUM, Léon : 262 n. 11.
BLUMENBERG, Hans : 91.
BOHR, Niels : 62.
Bolchevisme : 125.
BONALD, vicomte Louis de : 128, 142, 169.
BOTERO, Giovanni : 261 n. 7.
  Della ragion di Stato : 261 n. 7.
Boulangisme, boulangiste : 161.
BOUTMY, Émile : 51.
BOUTRY, Philippe : 172.

Brésil : 80.
BRIAND, Aristide : 197.
BROSZAT, Martin : 233.
BRUN DE LA COMBE, abbé Joseph André : 41.
Doutes sur les principes de M. l'abbé Sieyès concernant la Constitution nationale : 41-42.
BUISSON, Ferdinand : 193, 200.
Foi laïque (La) : 201.
BURIN, Philippe : 264 n. 15.
BURKE, Edmund : 43, 49, 128.
Réflexions sur la Révolution française : 43.

CALVIN, Jean Cauvin, dit : 112.
CAMUS, Armand Gaston : 177-178.
CARLYLE, Thomas : 103.
CASSIRER, Ernst : 104, 223.
CASTELLANE, Boniface Louis André de : 174-175.
Catholicisme, catholique : 73-75, 78, 80-81, 100, 111, 126, 128, 133, 139-140, 177-180, 182, 185-186, 190, 192, 198, 200, 216, 218.
Censure : 161.
Centre : 156.
Communauté : 97, 99, 110, 167, 213.
Communautarisme : 69, 167.
CHAMPION DE CIRCÉ, Jean Baptiste Marie, évêque d'Auxerre : 39.
CHAMPION DE CIRCÉ, Jérôme Marie, archevêque de Bordeaux : 38.
CHEVÈNEMENT, Jean-Pierre : 164.
CHIRAC, Jacques : 234.
Citoyen : 19, 31, 39, 48, 50, 64-65, 67-69, 71-72, 81, 92, 96, 99, 103, 109, 116-117, 120, 132, 137, 147, 167, 174, 209, 215, 217.
Citoyenneté : 166, 239. *Voir* Femmes.
Civisme : 99, 117, 124, 144, 160, 204, 228.

Classe(s) : 150.
    Lutte des classes : 124.
CLEMENCEAU, Georges : 147.
Clergé : *voir* Église.
CLERMONT-TONNERRE, Stanislas, comte de : 71, 73, 81, 133.
COHN-BENDIT, Daniel : 121.
Collaboration : 27, 231.
Colonisation : 165, 235.
    Décolonisation : 214.
COMBES, Émile : 201.
Commémoration, fêtes : 14-15.
    Bicentenaire : *voir* Révolution française.
Commune : 147.
Communisme, communiste : 120, 157, 228-230, 237, 262 n. 11.
COMTE, Auguste : 94, 142-143, 147-151, 154, 158, 181, 219.
    Catéchisme positiviste : 149, 181.
    Cours de philosophie positive : 148.
CONAN, Éric : 230, 232, 264 n. 15.
Concordat, concordataire : 182, 190.
CONDORCET, Jean Antoine Nicolas de Caritat, marquis de : 94, 158, 221-222.
Conflit : 36, 54-56, 73, 92-93, 101-102, 124, 127-128, 133, 138, 176, 182, 186, 196, 199, 203, 215-216, 234, 238, 261 n. 7.
Conseil constitutionnel : 67.
Conservateur : 152-154, 157, 192, 219, 227.
CONSTANT, Benjamin Constant de Rebecque, dit Benjamin : 130, 132-134, 142-143.
    Principes de politique : 132.
Constitution : 172, 177, 181.
Constitutions des treize États d'Amérique : 37.
Convention fédérale de 1787 : 55, 197.

COPERNIC, Nikolaj Kopernik, dit en fr. Nicolas : 62, 106, 264 n. 14.
CORCUFF, Philippe . 262 n. 10.
Corruption : 56, 130.
COUSIN, Victor : 143.
CRÈVECŒUR, John : 58, 74.
Lettres d'un cultivateur américain : 58.
Crise : 118, 226.
– morale : 145.
– de conscience : 211.
Culture : 62-63, 71, 73, 76, 78, 81, 83-85, 88-92, 96-97, 103-104, 110-113, 115-116, 125-126, 128, 140, 177, 179, 196, 204, 210, 213, 216, 222-223, 235, 239, 241, 259 n. 3, 260 n. 6.
Bildung: 90-91, 97-99, 113, 115.
– politique : 122, 129, 177, 219.
Multiculturalisme : 59-62, 71, 79, 123, 210, 260 n. 4.
Nature et – : 222.

DANTON, Georges Jacques : 195.
Darwinisme social : 59.
DEBRAY, Régis : 122, 166, 168, 262 n. 10.
DEBUSSY, Claude : 90.
Déclaration des Droits de l'homme : 38, 41, 68, 131, 160, 173, 177.
Déclaration d'indépendance [des États-Unis] : 38-39, 56, 58, 60.
DE GAULLE, Charles, général : 36, 226-231, 234, 237.
Démocrate : 63, 124, 215.
Démocratie : 11, 16, 21, 23, 44, 46, 55, 58, 69-70, 75, 95, 111, 119, 122-123, 132, 134-136, 138, 145, 152-155, 157, 167-170, 184, 198, 205-206, 209, 212-213, 217-219, 226, 237-238, 241-242, 262 n. 11.
Dépression : 123.

Descartes, René : 50, 90, 118.
Despotisme : 148, 187.
Dictature : 150.
Diderot, Denis, Alembert, Jean Le Rond d' :
   Encyclopédie (L') : 91.
Différence : 72, 204, 230.
   Différentialisme : 204-205. *Voir Affirmative action*,
      Multiculturalisme, Parité.
Digeon, Claude
   Crise allemande de la pensée française (La) : 145.
Dilthey, Wilhelm : 92.
Discrimination : 68, 71, 232. *Voir* Racisme, parité.
Djihad : 163.
Doctrine nativiste : 59. *Voir* Darwinisme.
Dogmatisme : 158.
Dominique, saint : 180.
Donnat, Léon : 151.
Dreyfus, Alfred : 264 n. 14.
   Affaire Dreyfus : 168, 183, 199, 235.
Droit : 43-44, 53, 58, 66-68, 70-71, 106, 119-120, 122,
   131, 162, 186.
   – administratif : 160.
   – à l'oubli : 27.
   – aux racines : 165.
   – canon : 45.
   – civil : 79.
   – civique : 60-61.
   – de grève : 161.
   – de la vie : 49.
   – de l'homme, du citoyen : 48-50, 69, 125, 151,
      159-160, 170, 197, 232.
   – féodal : 45.
   – historique et scientifique : 158-159.
   – institutionnel : 55, 159.
   – naturel : 79, 159.

- religieux : 79.
- syndical : 160.
Voir Déclaration des Droits de l'homme.
Droite : 123, 125, 156, 185, 263 n. 12.
Dubois, Jean : 152.
Duguit, Léon : 159.
Dumont, Louis : 22, 85-86, 100, 103, 109, 260 n. 5.
Dupeyroux, Jean-Jacques : 262 n. 10.
Durkheim, Émile : 239-240.

École : 98, 147, 162, 166, 169-171, 182, 188, 191, 194-195, 197, 201, 212, 214.
    Éducation : 89, 91-93, 95-97, 99, 130, 145, 147, 156, 162-163, 165, 170-171, 186, 190, 196-201, 203-204, 221-222, 262 n. 11.
    Idéal pédagogique : 96, 170, 191.
    Université : 91-92, 94-96, 187.
    Voir Laïcité.
Écologie : 121.
Économie : 83, 122, 157.
    Puissance économique : 35.
Écosse : 74.
Égalité : 39-40, 60, 64, 103, 140, 147, 160, 170, 196, 220.
    Inégalité : 63-64, 66, 68-69, 84, 220-221.
Église : 19, 45, 72, 81, 96, 99-100, 112, 127, 133, 137-138, 145, 156, 162, 171, 177-179, 181, 184-187, 189, 191, 199-200, 202, 212, 219. *Voir* Séparation Église-État.
Égypte : 62.
Einstein, Albert : 62.
Élection : 18, 42, 152.
Empire : 134, 153.
    Second Empire : 148, 153.
Engels, Friedrich : 220.

ÉPREMESNIL, Jean-Jacques Duval d' : 176.
Esclavage : 53, 65.
ESMEIN, Jean Hippolyte Emmanuel, dit Adhémar : 159.
Espace public : 77.
Espagne : 113, 165.
État : 17, 19, 76, 92-93, 101, 117, 129, 153, 161-163, 169, 178, 182, 186-187, 202, 204, 206, 213, 219.
  Légitimité de l'– : 76, 78.
  Roi-État : 102. *Voir* Raison d'État, Séparation Église-État.
États-Unis : 21-22, 33, 35-46, 48-49, 51-56, 58-61, 63-64, 66, 68, 71, 73-76, 78-81, 83, 121, 124, 131, 133, 135-136, 145, 167, 170, 177, 210, 225, 229-230, 233, 237, 241, 259 n. 1, 260 n. 4.
Europe, européen : 11, 14-15, 23, 43, 54, 62, 83, 91, 120, 125, 138, 143, 150, 209-210, 236, 238-240, 264 n. 15.
  – de l'Est : 127, 235.
Exception : 33, 128, 213, 232.
  Exceptionnalité : 20, 122.
Exclus : 157.
Extrême droite : 213, 215.

Famille : 188, 197.
Fanatisme : 164.
FAURÉ, Gabriel : 90.
Femmes : 66-69. *Voir* Égalité, Parité.
Féodalité : 41.
FERRY, Jules : 147, 152, 170, 185-188, 190, 197-200.
FICHTE, Johann Gottlieb : 92-94, 104, 109.
FINKIELKRAUT, Alain : 166-167, 259 n. 3.
FLAUBERT, Gustave : 152.
  Éducation sentimentale (L') : 152.
Foi : 100-101.

FONTENAY, Élisabeth de : 166.
FOUILLÉE, Alfred : 95.
France : 11-18, 22-23, 25-30, 32-33, 35-36, 38, 41-44, 46, 48, 51, 53-54, 56-57, 61, 63-67, 69, 71-72, 74-76, 78, 80, 82-91, 93-94, 96, 98-102, 104-105, 107, 109, 111-112, 117-118, 120, 122-123, 125-128, 132-140, 145-146, 152, 162-164, 167, 169-172, 174, 182, 184-186, 188, 197, 202, 208-213, 215-219, 222, 225-228, 231-232, 234-238, 241-242, 259 n. 1, 260 n. 6.
FRANCE, Anatole : 197.
FURET, François : 36, 45, 145-146, 178, 203, 224, 261 n. 8.
   Révolution (La) : 146.
   —, JULLIARD, Jacques, ROSANVALLON, Pierre, *République du centre (La)* : 122.
   —, OZOUF, Mona, *Dictionnaire critique de la Révolution française* : 261 n. 8.
FUSTEL DE COULANGES, Numa Denis : 94.

GADAMER, Hans-Georg : 98.
GALILÉE, Galileo Galilei, dit : 62.
GALLO, Max : 262 n. 10.
GAMBETTA, Léon : 146, 151-152, 154, 185.
Gauche : 121, 123-125, 156, 168, 185, 195, 214, 260 n. 4, 263 n. 12.
GAUCHET, Marcel : 41, 50-51, 101, 177, 181-182, 212, 218, 261 n. 7, 263 n. 12.
Gaullisme, gaulliste : 164, 262 n. 11.
Génocide : 27.
GIBBON, Edward : 107.
Girondin : 195.
GOETHE, Johann Wolfgang von : 88-90, 97, 114-115.
   Années d'apprentissage de Wilhelm Meister (Les) : 88.
Gouvernement : 135, 146, 150, 221, 242.

Corruption : 223.
Grande-Bretagne : 14, 21, 37, 42, 44-45, 73, 77, 117, 122, 127, 131, 141, 157, 167, 172, 241.
Grèce : 62, 106, 118.
Grégoire de Nazianze, saint : 264 n. 14.
Guerre : 12, 27, 83, 103, 115, 120, 124, 194, 196, 203, 208, 219, 228, 231, 237.
  Après-guerre : 229-230, 236.
  – civile : 53, 163, 229.
  –s coloniales : 28, 36, 264 n. 15.
  – du Golfe : 124.
  – de religion : 78, 101, 133, 164, 176, 189, 261 n. 7.
  – de Sécession : 37, 60, 64.
  – de succession : 149.
  Première Guerre mondiale : 87, 116.
Guillaume II, roi de Prusse et empereur d'Allemagne : 114.
Guizot, François : 21, 111, 140-143, 171.
  Histoire de la civilisation en Europe, depuis la chute de l'Empire romain jusqu'à la Révolution française : 141.
  Histoire de la civilisation en France : 142.
Gusdorf, George : 93.

Habermas, Jürgen : 24, 27, 117-118, 234, 240.
Halévy, Élie : 44.
Harlan, juge John Marshall : 65.
  Brown v. Board of Education : 65.
  Plessy v. Ferguson : 64.
Hartz, Louis : 54.
Hauriou, Maurice : 159.
Hegel, Georg Wilhelm Friedrich : 12, 84, 89, 92, 103, 105-110, 118.
  Esthétique : 89.

Leçons sur l'histoire de la philosophie : 109.
Leçons sur la philosophie de l'histoire : 105.
Phénoménologie de l'esprit (La) : 106.
Principes de la philosophie du droit : 106.
HEIDEGGER, Martin : 89.
HEINE, Heinrich : 22, 84, 113.
HERDER, Johann Gottfried : 91, 104, 108, 110, 128.
    Autre philosophie de l'histoire (Une) : 104.
HERVIEU-LÉGER, Danièle : 213.
HILDENBRAND, Hans : 261 n. 7.
Histoire : 14, 24, 32-34, 82, 97-98, 102, 201.
    Erreur historique : 28.
    – économique et sociale : 26.
    Historicisation : 24.
    Historiographie : 25, 28, 30, 32.
    Investigation historique : 29.
    Querelle des historiens : 24.
HITLER, Adolf : 233.
HÖLDERLIN, Friedrich : 90, 107, 260 n. 6.
Holisme, holiste : 110.
Hollande : 80.
Homme nouveau : 52-53.
HUGO, Victor : 152, 195, 197.
Humanisme : 91, 241, 260 n. 5.
Humanité : 93, 105.
    Crime contre l'humanité : 231-234.
HUMBOLDT, Wilhelm von : 92-94.

Idéalisme : 119, 137, 142, 151, 158, 170, 239.
Identité : 18, 24, 31, 73, 89, 126-127, 168, 210, 230, 234-235, 264 n. 15. *Voir* Nation.
Immigration : 59, 210.
Impôts : 41.
Indes : 80.
Individu : 51, 76, 87, 144, 183, 204.

Individualisme : 82, 86, 97, 99-103, 108, 110-111, 116-117, 127, 195, 226.
Inégalité : *voir* Égalité.
Inquisition : 136.
Intégration : 20, 71, 81, 157-158, 167, 209-210, 215, 238.
Intégrisme : 211, 216.
Intellectuel : 89, 94, 110, 123-124, 127, 142-143, 146, 157, 165, 186, 206, 222, 225-226, 237.
　Supériorité – : 93, 95.
　Vie – : 25, 86, 108.
Intériorité : 98, 100. *Voir* Foi.
Intolérance : 164, 175, 179.
Islam : 164, 215.
　Islamisme : 216.
Israël : 23, 25, 233, 264 n. 15.
Italie : 80.

Jacobinisme, jacobin : 36, 96, 127-128, 146, 166, 212, 229.
JAMES, William : 59-60.
JANKÉLÉVITCH, Vladimir : 90.
JASPERS, Karl : 28, 233.
JAURÈS, Jean : 17, 25, 128, 155, 189, 197, 202.
JEANNE D'ARC : 124.
JEFFERSON, Thomas : 38, 76, 78.
　Notes sur l'État de Virginie : 78.
JELLINEK, Georg : 51.
JOHSUA, Samuel : 262 n. 10.
JOSPIN, Lionel : 163, 164, 166, 168, 204-205, 264 n. 13.
Justice : 161.
　Système judiciaire : 160.
Juifs, judaïsme : 60, 71-73, 80, 113-115, 120, 164, 167, 175, 207-208, 214, 230, 232.

Julliard, Jacques : 262 n. 10.
—, Furet, François, Rosanvallon, Pierre, *République du centre (La)* : 122.
Justice : 36, 58.

Kafka, Franz : 114.
Château (Le) : 114.
Kallen, Horace : 60.
Kant, Emmanuel : 86, 94, 104-106, 109, 118-119, 212, 218, 223, 225, 240, 242.
Kantorowicz, Ernst : 172, 209.
Kepler, Johannes : 62.
Khosrokhavar, Farhad : 211.
Kintzler, Catherine : 166.
Kleist, Heinrich von : 260 n. 6.
Korinman, Michel : 262 n. 9.
Deutschland über alles. Le pangermanisme (1890-1945) : 262 n. 9.
Koselleck, Reinhart : 91, 261 n. 7.
Règne de la critique (Le) : 261 n. 7.
Koyré, Alexandre : 110, 221.
Kriegel, Blandine : 67-68, 262 n. 10.
Ku Klux Klan : 60.

Laboulaye, Édouard : 44, 139.
Lachelier, Jules : 94.
Lacordaire, Henri : 139.
Lacorne, Denis : 60-61.
Lacoste, Robert : 168.
La Fayette, Marie Joseph Paul Yves Roch Gilbert Motier, marquis de : 37-38, 40, 43.
Lagarde, Paul de : 115-116.
Laïcité : 20, 54, 71, 74-76, 96, 101, 123, 142, 162-164,

166, 169, 178, 183-185, 187-188, 190, 192, 194-
195, 200-203, 205, 212-213, 215-218, 236.
Affaire des foulards : 163-165, 168, 204, 211, 214, 216.
Batailles laïques : 169.
LALLY-TOLLENDAL, Thomas Arthur, baron de Tollendal, comte de Lally : 40.
LAMARTINE, Alphonse de : 25.
LAMENNAIS, Félicité Robert de : 139.
Langage, langue maternelle : 91.
LA ROCHEFOUCAULD D'ANVILLE, Louis-Alexandre, duc de La Roche-Guyon et de : 37.
LAVISSE, Ernest : 30, 94.
LEFORT, Claude : 57, 261 n. 8.
Essais sur le politique. XIXe-XXe siècle : 261 n. 8.
Écrire. À l'épreuve du politique : 261 n. 8.
Légitimité : 158, 191.
LE GOFF, Jacques : 168-169.
LEIBNIZ, Gottfried Wilhelm : 86.
LEJEUNE, Max : 168.
LE PEN, Jean-Marie : 165.
LE PORS, Anicet : 262 n. 10.
LIARD, Louis : 94.
Libéralisme : 76, 122, 131-134, 140-141, 159-161, 188-189.
Antilibéralisme : 129.
Libéral : 127, 138-139, 143, 153, 159, 182, 184, 186
Liberté(s) : 14-15, 22, 35, 38-39, 43, 45, 48-49, 56-58, 64, 68, 70, 75-79, 81, 86-87, 89, 92-93, 97, 99, 102, 105-107, 116, 130, 132-133, 135-136, 141-142, 150, 166, 168, 170, 175, 177, 183, 186, 192, 195, 197, 204-205, 218, 221, 241-242, 262 n. 11.
Code de la – : 46.
– de conscience : 148, 174, 188-189, 192, 204.
– des cultes : 41, 133-134, 139-140, 162, 171, 174-175, 180, 184, 188-189.

- d'expression : 192.
- individuelles : 36, 186.
- de penser : 174-175, 204.
- politique : 183, 242.
- de presse, d'association : 39, 147, 160.
- publique : 159.
- syndicale : 161.

Violation des – : 162.

Libre-penseur : 193, 198, 202.
Ligue française de l'enseignement : 165.
LITTRÉ, Émile : 147-153.
Auguste Comte et la philosophie positive : 150.
Conservation, révolution, positivisme : 149, 151.
Dictionnaire : 150.
LOCKE, John : 77-78.
Lettre sur la tolérance : 77.
Loi, législation : 39, 42, 45, 50-51, 57, 64, 66, 81, 131, 134-135, 159-160, 162, 176, 181, 187, 189, 215, 220.

Légalité : 152.
- civile : 49.
- d'exil : 161-162.
- de la nature : 148.
- s pénales : 173.
- s scolaires : 182, 190.

LOUIS XVI : 52, 172.
LUKÁCS, György : 88.
Lumières : 37, 46, 54, 91, 103-104, 107-108, 110, 113, 126, 128-129, 131-132, 148, 158, 177, 181, 206, 213, 216, 218, 237, 261 n. 7.
LUSTIGER, Mgr Jean-Marie : 164.
LUTHER, Martin : 74, 100, 102-103, 115, 260 n. 6.
LUTHER KING, Martin : 61.
Lutte des classes : *voir* Classes.

MAASTRICHT, traité de : 124.
MACHELON, Jean-Pierre : 160.
MACHIAVEL, Niccolò Machiavelli, dit en fr. Nicolas : 29, 261 n. 7.
MADISON, James : 49, 78-79.
MAISTRE, Joseph de, comte : 126-128, 142, 169.
MALCOLM X, Malcolm Little, dit : 61.
MALOUET, Pierre Victor, baron : 40.
MALRAUX, André : 229.
MANDELSTAM, Ossip : 114.
Manifeste positiviste : 158.
MANN, Thomas : 89, 97, 99, 102-103, 109, 116, 202.
Considérations d'un apolitique : 102.
MARX, Karl : 36, 108, 121.
MAURY, abbé Jean-Sifrein : 72.
Mayflower Compact : 46, 54.
MEINECKE, Friedrich : 261 n. 7.
Idée de la raison d'État dans l'histoire des Temps modernes : 261 n. 7.
MELZER, Arthur : 225.
Mémoire : 24, 29-30, 126-127, 208-209, 234, 264 n. 15.
Devoir de – : 27, 231, 234, 264 n. 15.
« échanges des –s » : 24.
– nationale : 13, 98, 209, 211.
MICHELET, Jules : 17, 25, 30, 111-112, 124, 178, 180, 195, 261 n. 8.
Militaire : 145, 228, 238.
MILL, John Stuart : 59, 148, 171.
Autobiographie : 148.
MILLERAND, Alexandre : 207.
MINC, Alain : 262 n. 10.
Mineur : 123.
MIRABEAU, Honoré Gabriel Riqueti, comte de · 173-176.

Modèle : 16, 33, 42, 101, 229, 259 n. 3
– étranger : 17.
– social : 131, 236.
Modération : 134.
Modernité : 33, 37-38, 51, 55, 57, 82, 86, 99, 101, 104, 110-111, 115, 132, 134, 140, 147, 152, 184, 209, 220, 222, 225, 237.
Les Modernes et les Anciens : 131.
Mœurs : 62.
Monarchie, monarchisme, monarchiste : 37, 45, 47, 52, 141, 155-156, 172, 178-179, 182, 186-187, 206, 261 n. 7.
Droit divin : 155, 173.
– absolue : 179, 182.
MONGIN, Olivier : 262 n. 10.
MONTALEMBERT, Charles Forbes, comte de : 139.
MONTESQUIEU, Charles de Secondat, baron de la Brède et de : 49, 68, 81, 85, 260 n. 5.
Esprit des lois (L') : 50.
MONTMORENCY, Mathieu, comte de : 37-38.
Morale : 96, 188, 190-191, 201-202, 218, 232
MOSSE, George : 113.
MOULIN, Jean : 229.
MOUNIER, Jean Joseph : 174.
Multiculturalisme : *voir* Culture.
MUN, Albert de : 185.
Musulman : 164, 215-216.

Nation : 18-19, 28-29, 31, 33, 50, 54, 58, 65, 72, 80, 87, 91, 93, 101, 115, 122, 128, 209, 211, 219, 226, 237, 239, 241, 259 n. 3, 260 n. 5, 264 n. 15.
Conscience – : 17, 23, 29-30, 96, 126, 211, 227.
Nationalisme : 51, 104, 121, 126-127.
Nationalité : 28.

National-socialisme (nazisme) : 24, 27, 112, 117, 230-233.
  Royaume-nation : 102.
Naturalisation : 64.
NEWTON, sir Isaac : 62.
NICOLET, Claude : 94, 153, 161-162, 191.
NIETZSCHE, Friedrich : 29, 98, 264 n. 15.
  Considérations inactuelles : 29.
Nihilisme : 116.
NIPPERDEY, Thomas : 100.
Noblesse : *voir* Aristocratie.
Noirs : 64, 167.
NOLTE, Ernst : 24, 27.
NORA, Pierre : 17, 30-31, 229, 237.
  Lieux de mémoire (Les) [dir.] : 30, 264 n. 15.
Nouveau Monde : 39, 53.
Nucléaire : 121.

Obscurantisme : 168.
Occupation : 207.
OPHULS, Marcel : 230.
  Chagrin et la pitié (Le) : 230.
Opinion : 78.
  Diversité des – : 176.
  – religieuse : 174.
Ordre : 176.
  — civil et politique : 186.
Orthodoxe : 126.
OZOUF, Jacques : 193.
OZOUF, Mona : 52, 193.
  —, FURET, François, *Dictionnaire critique de la Révolution française* : 261 n. 8.

PAINE, Thomas : 43, 45.
  Droits de l'homme (Les) : 43.

Papauté : 178, 183.
Parité : 66, 68-70, 72. *Voir* Femmes.
Pascal, Blaise : 260 n. 6.
Passé : 13-16, 18-21, 23-24, 27-32, 34, 46, 53, 95, 234-235, 264 n. 15.
Pasteur, Louis : 62.
Patrie : 239-240.
Patrimoine :
    Patrimonialisation : 31.
Patriotisme : 117, 146, 196, 209.
Paysans, monde paysan : 199.
PCF (Parti communiste français) : 157.
Péguy, Charles : 194, 209.
Pétain, maréchal Philippe : 231.
Peuple : 40, 67, 84. *Voir* Souveraineté, Unité.
Philonenko, Alexis : 223.
Philosophie : 32, 44, 46, 57, 59-60, 75-76, 84, 92-94, 104-106, 119, 142, 147-148, 155, 190, 242, 261 n. 7, *voir* Lumières.
Pie X [Giuseppe Sarto], pape : 190.
Pisier, Evelyne : 69.
Pluralisme : 59, 61, 70, 75, 163, 169, 182, 189, 204, 226, 239.
Poincaré, Raymond : 201.
Politique : 22, 25, 28-29, 36-37, 41, 44, 47-48, 52-53, 57, 65, 70, 72, 75-76, 79, 81, 83-84, 88, 94-97, 99, 101-102, 106-108, 110, 116-122, 127, 129-131, 134-136, 143, 145, 151-160, 167, 170, 177-179, 181, 184-185, 191, 194-195, 203, 205-206, 213, 217, 220, 222, 226-228, 230, 235, 236, 238, 262 n. 11.
    Crime – : 231.
    – et éthique : 223.
    – étrangère : 35.
    Système bipartisan : 156.
Pologne : 72.

Pompidou, Georges : 230.
Portugal : 80.
Positivisme, positiviste : 144, 170.
Pouvoir : 57-58, 79, 88, 122, 130, 132-133, 139-141, 143-144, 172-173, 178, 183, 196, 226, 236-237, 261 n. 7.
– absolu : 112.
– exécutif : 55.
– spirituel : 162.
Pragmatisme : 59.
Price, Richard : 43.
Privilège : 42, 63.
Prochasson, Christophe : 262 n. 10.
Progrès : 17, 20, 89, 104, 181.
Progressiste : 157.
Protection sociale, assistance : 64.
Protestant, protestantisme : 72, 78, 100, 102, 132, 164, 174-175. *Voir* Saint-Barthélemy.
Public :
  Discussion – : 234.
  Ordre – : 188.
  Vie – : 182.
Puritanisme : 136.

Quinet, Edgar : 111-112, 141, 180, 261 n. 8.

Rabaut Pommier, Jacques Antoine Rabaut, dit : 45.
Rabaut Saint-Étienne, Jean-Paul Rabaut, dit : 41, 44, 174-176.
Race, racial : 66-67.
  Racisme, raciste : 61-62, 66, 215.
Radicalisme, radical : 44, 156, 192, 218, 260 n. 4.
Raison : 17, 19, 46, 78, 105, 118-119, 126, 166, 171, 180, 185, 216, 219.

Raison d'État : 101, 169, 261 n. 7.
Rationalisme : 20, 104, 158.
RANKE, Leopold von : 91.
RAVEL, Maurice : 90.
Réforme (la) : 99, 101-103, 108-109, 111-112, 115-116, 137, 140-142, 183-184, 202, 217.
Réforme politique : 54.
Réglementation : 121.
Religion, religieux : 19-20, 67, 71-81, 96, 99, 101, 103, 107, 111, 115, 130, 132-136, 138, 140-141, 143, 163-167, 169, 172-186, 189-191, 194-195, 198, 200-205, 212, 215-218, 223, 225, 227.
  Antireligion : 223.
  Congrégations religieuses : 161, 181, 199.
  Déchristianisation : 180.
  – chrétienne : 13, 100, 111, 141-142, 199, 201-202, 261 n. 7.
  – civile : 190.
  – de substitution : 181.
  – et politique : 102, 135-136, 223.
  Valeurs religieuses : 184.
RÉMUSAT, Charles de : 139, 143.
RENAN, Ernest : 28-30, 118, 139, 145, 209, 226-227.
  Réforme intellectuelle et morale de la France (La) : 145.
RENAUT, Alain : 92.
Représentant, représentation, représentatif : 50, 117.
République : 11-12, 17, 20, 50, 54-55, 63, 65, 69, 72, 74, 80-82, 93, 95, 122, 124, 128, 147, 150-151, 153, 155, 159, 162, 167-170, 172, 183, 188-195, 203, 205, 215, 223, 233, 262 n. 11.
  Républicain : 15, 28, 33, 51, 68, 119, 121-123, 129, 136, 143-146, 150-152, 154, 156, 158, 160, 165-166, 168, 170, 194, 199-200, 209, 211-212,

214-215, 218-219, 222, 225, 228, 239, 259 n. 3.
Républicanisme : 156, 237-238.
– composée : 50, 81.
– intérieure : 193.
– de Weimar : 116-117.
IIIe République : 159.
Résistance : 27, 228, 230, 232.
Responsabilité : 123.
– envers le passé : 234.
Révolution : 27, 37, 40, 42, 44-48, 51, 80, 85-86, 103, 122, 129, 135, 146, 152-155, 163, 167, 171-173, 177-180, 182-184, 187, 191-192, 195, 202-203, 206, 217, 220-221, 227, 241, 259 n. 3, 261 n. 8.
Antirévolutionnaire : 179.
Contre-révolution : 122, 126-129, 146, 153, 180.
– américaine : 36, 43, 46, 57. *Voir* États-Unis.
– anglaise : 43-44.
– bolchevique : 36.
– du croire : 212.
– française : 16, 25-26, 38, 41, 43-45, 49-50, 52, 55, 57, 82, 94, 96, 104-107, 109, 111, 119, 128-133, 136-138, 140-143, 146, 157, 161, 181, 186-188, 190, 195, 197. *Voir* Terreur.
– herméneutique : 100.
– religieuse : 101.
– sociopolitique : 101, 108.
RICHELIEU, Armand Jean du Plessis, cardinal de : 95, 112.
RICŒUR, Paul : 24, 32, 94, 218.
RIVERO, Jean : 69.
ROBESPIERRE, Maximilien Marie Isidore de : 39, 112, 128, 168, 180, 195, 197.
Romantisme : 110.
ROSANVALLON, Pierre : 95, 142, 171.

—, Furet, François, Julliard, Jacques, *République du centre (La)* : 122.
Rousseau, Jean-Jacques : 50-52, 81, 104, 119, 132, 183, 219-225, 227, 240, 242, 260 n. 6.
Discours sur l'origine et les fondements de l'inégalité parmi les hommes : 220.
Discours sur les sciences et les arts : 221.
Du Contrat social : 50-51, 220.
Émile ou De l'éducation : 224.
Rousso, Henry : 229-230, 232, 264 n. 15.
Syndrome de Vichy (Le) : 229.
Royauté : *voir* Monarchie.
Rudelle, Odile : 192.
Russie : 110, 125-126, 228.

Sade, Donatien Alphonse François, marquis de : 260 n. 6.
Sadoun, Marc : 262 n. 11.
Saint-Barthélemy (massacre de la) : 173.
Saint-Just, Louis Antoine Léon : 168.
Saint-Pierre, Charles Irénée Castel, abbé de : 240.
Saint-Simon, Claude Henri de Rouvroy, comte de : 142.
Scalia, juge Antonin : 65.
Schapp, Wilhelm : 31.
Schelling, Friedrich Wilhelm Joseph von : 92, 94, 107, 109-110.
Schiller, Friedrich von : 110, 114, 137, 260 n. 6.
Schleiermacher, Friedrich : 84, 92-94, 98.
Schnapper, Dominique : 239, 260 n. 5.
Scholem, Gershom : 113.
Schubert, Franz : 90.
Science : 97.
–s sociales : 98, 151.

Secte : 74, 80, 133.
SEIGNOBOS, Charles : 94.
Séparation
— Église-État : 19, 75, 133, 135, 147, 171, 184, 187, 189, 203. *Voir* Église, État, Laïcité.
— Public-privé : 188, 198-201, 219.
SGEN (Syndicat général de l'Éducation nationale) : 165.
SHAKESPEARE, William : 114, 172.
SIEGFRIED, André : 263 n. 12.
SIRINELLI, Jean-François : 263 n. 12.
Histoire des droites en France [dir.] : 263 n. 12.
SITRUK, Joseph : 214.
Socialisme, socialiste : 36, 122, 147, 150, 196, 262 n. 11.
Société, social : 45, 79, 99, 130, 150, 154, 174, 179, 185, 195, 203, 212, 216, 222-223, 225-226.
   Atomisation – : 145.
   Classe – : 69.
   Demande – : 233.
   État – : 153.
   Milieu – : 88.
   Ordre – : 43, 106, 128, 138, 143, 152, 154, 188, 222, 227.
   Pacte – : 220.
   Problèmes – : 58.
   Protection – : 236.
   Réforme – : 151.
   Régénération – : 223.
   – civile : 182.
SOCRATE : 89.
SOLJENITSYNE, Alexandre : 125-126.
Archipel du goulag (L') : 125.
SOS-Racisme : 165.
Souveraineté : 44, 47, 102, 117, 139, 236, 262 n. 11.

- nationale : 51, 68.
- populaire : 130, 153, 155.

STAËL, Germaine Necker, baronne de Staël-Holstein, dite Mme de : 22, 84.
STAROBINSKI, Jean : 129, 220-221.
STEINER, George : 90.
STERN, Fritz : 115.
STERNHELL, Zeev : 158, 264 n. 15.
  Droite révolutionnaire (La) : 157, 264 n. 15.
Sturm und Drang : 104.
STUYVESANT, Peter : 80.
Suffrage : 138, 155.
  Suffrage universel : 95-96, 145, 153-155, 171.
  Voir Vote.
Syllabus : 182, 186.
Syndicalisme, syndicaliste : 121, 161, 182, 196.

TALLEYRAND, Charles Maurice de Talleyrand-Périgord : 48.
TERRAY, Emmanuel : 260 n. 6.
  Passion allemande (Une) : 260 n. 6.
Terreur : 106, 111-112, 130, 132, 204, 222, 261 n. 8.
  Voir Révolution française.
Terrorisme : 216.
Théologie : 93, 190.
THIBAUD, Paul : 262 n. 10.
THIERS, Adolphe : 25, 194.
TOCQUEVILLE, Charles Alexis Clérel de : 17, 21, 22, 36, 40, 44, 49, 63, 73-75, 85, 111-112, 122, 134-138, 152, 160, 181, 187, 261 n. 8.
TOENNIES, Ferdinand : 87.
TOLSTOÏ, Lev Nikolaïevitch, en fr. Léon : 126.
TORQUEMADA, fray Tomás de : 180.
Totalitarisme, totalitaire : 125.
TOURAINE, Alain : 212.

Touvier, Paul : 230.
Tradition : 94, 177, 179, 182, 197-198, 212.
Travail : 157.
Treitschke, Heinrich von : 114.
Tribalisme : 214.
Troeltsch, Ernst : 87, 97, 99, 116.
Tyrannie : 49, 56-57, 131, 134, 139, 175.

Unité nationale : *voir* Nation.
Universalisme : 18-20, 69-71, 94, 104, 115, 125, 128, 202, 205, 209-211, 217, 219, 260 n. 5.
   Universalité : 34, 41, 99, 166, 171.
   Universel : 13, 15, 17, 21-23, 30-31, 33, 37, 45-46, 63, 69, 74, 85, 108, 162, 173, 183, 212, 219, 235, 240-242, 259 n. 3.

Vichy : 26-27, 230-231, 233, 264 n. 15.
Vidal-Naquet, Lucien : 207-208.
Vidal-Naquet, Pierre : 207.
Violence : 112, 116.
Virgile : 59.
Virieu, François-Henri de : 174.
Viviani, René : 201, 207.
Voile : 163-164.
Voltaire, François Marie Arouet, dit : 79, 107, 139.
   Dictionnaire philosophique : 79.
Vote
   Droit de vote : 196.

Wachtel, Nathan : 34.
Walzer, Michael : 54, 172.
   Révolution des saints (La) : 54.
Weber, Max : 87, 108.
Weimar : *voir* République de Weimar.
Wieviorka, Michel : 210.

Wood, Gordon : 56-57.
   Création de la république américaine (La) : 57.

Xénophobe : 59, 213, 215.

Zarka, Yves Charles : 261 n. 7.
   Raison et déraison d'État [dir.] : 261 n. 7.
Zola, Émile : 197.

Introduction	11
Mieux que l'Amérique : une Révolution parfaite ?	35
La Révolution contestée : l'altérité allemande	83
La République : un beau risque à courir ?	120
Même religieuses : laïcité et pluralisme	163
La guerre est finie ?	207

DANS LA COLLECTION FOLIO/HISTOIRE

1. Georges Duby : *Le dimanche de Bouvines (27 juillet 1214).*
2. Jean-Denis Bredin : *Joseph Caillaux.*
3. François Furet : *Penser la Révolution française.*
4. Michel Winock : *La République se meurt (Chronique 1956-1958).*
5. Alexis de Tocqueville : *L'ancien régime et la Révolution.*
6. Philippe Erlanger : *Le Régent.*
7. Paul Morand : *Fouquet ou le Soleil offusqué.*
8. Claude Dulong : *Anne d'Autriche (Mère de Louis XIV).*
9. Emmanuel Le Roy Ladurie : *Montaillou, village occitan de 1294 à 1324.*
10. Emmanuel Le Roy Ladurie : *Le Carnaval de Romans (De la Chandeleur au mercredi des Cendres, 1579-1580).*
11. Georges Duby : *Guillaume le Maréchal (ou Le meilleur chevalier du monde).*
12. Alexis de Tocqueville : *De la démocratie en Amérique, tome I.*
13. Alexis de Tocqueville : *De la démocratie en Amérique, tome II.*
14. Zoé Oldenbourg : *Catherine de Russie.*
15. Lucien Bianco : *Les origines de la révolution chinoise (1915-1949).*
16. Collectif : *Faire de l'histoire, I : Nouveaux problèmes.*
17. Collectif : *Faire de l'histoire, II : Nouvelles approches.*
18. Collectif : *Faire de l'histoire, III : Nouveaux objets.*
19. Marc Ferro : *L'histoire sous surveillance (Science et conscience de l'histoire).*
20. Jacques Le Goff : *Histoire et mémoire.*
21. Philippe Erlanger : *Henri III.*
22. Mona Ozouf : *La fête révolutionnaire (1789-1799).*

23 Zoé Oldenbourg : *Le bûcher de Montségur (16 mars 1244)*.
24 Jacques Godechot : *La prise de la Bastille (14 juillet 1789)*.
25 Le Débat : *Les idées en France, 1945-1988 (Une chronologie)*.
26 Robert Folz : *Le couronnement impérial de Charlemagne (25 décembre 800)*.
27 Marc Bloch : *L'étrange défaite*.
28 Michel Vovelle : *Mourir autrefois*.
29 Marc Ferro : *La Grande Guerre (1914-1918)*.
30 Georges Corm : *Le Proche-Orient éclaté (1956-1991)*.
31 Jacques Le Goff : *La naissance du Purgatoire*.
32 Hannah Arendt : *Eichmann à Jérusalem*.
33 Jean Heffer : *La Grande Dépression (Les États-Unis en crise 1929-1933)*.
34 Yves-Marie Bercé : *Croquants et nu-pieds (Les soulèvements paysans en France du XVe au XIXe siècle)*.
35 Arnaldo Momigliano : *Sagesses barbares*.
36 Robert Muchembled : *La sorcière au village*.
37 Gérard Gayot : *La franc-maçonnerie française*.
38 Raul Hilberg : *La destruction des Juifs d'Europe, I*.
39 Raul Hilberg : *La destruction des Juifs d'Europe, II*.
40 Ian Kershaw : *Qu'est-ce que le nazisme ?*
41 Jean Maitron : *Ravachol et les anarchistes*.
42 Maurice Agulhon : *Les Quarante-huitards*.
43 Arlette Farge : *Vivre dans la rue à Paris au XVIIIe siècle*.
44 Norman Cohn : *Histoire d'un mythe (La « conspiration » juive et les protocoles des sages de Sion)*.
45 Roland Mousnier : *L'assassinat d'Henri IV*.
46 Michael Pollack : *Vienne 1900 (Une identité blessée)*.
47 Nathan Wachtel : *La vision des vaincus (Les Indiens du Pérou devant la Conquête espagnole 1530-1570)*.
48 Michel Vovelle : *Idéologies et mentalités*.
49 Jean Bottéro : *Naissance de Dieu (La Bible et l'historien)*.

50 Jacques Ozouf : *Nous les maîtres d'école (Autobiographies d'instituteurs de la Belle Époque)*.
51 Léon Blum : *Souvenirs sur l'Affaire*.
52 Georges Duby : *L'An Mil*.
53 Jean-Louis Flandrin : *Les amours paysannes (XVIe-XIXe siècle)*.
54 Bernard Lewis : *Le retour de l'Islam*.
55 Marc Ferro : *Cinéma et Histoire*.
56 Colette Beaune : *Naissance de la nation France*.
57 Présenté par Michel Foucault : *Moi, Pierre Rivière, ayant égorgé ma mère, ma sœur et mon frère...*
58 Zeev Sternhell, Mano Sznajder, Maia Ashéri : *Naissance de l'idéologie fasciste*.
59 José Cabanis : *Le Sacre de Napoléon*.
60 Philippe Joutard : *Les Camisards*.
61 John Kenneth Galbraith : *L'argent*.
62 Marc Fumaroli : *Trois institutions littéraires*.
63 Sous la direction de Jean-François Sirinelli : *Les droites françaises (De la Révolution à nos jours)*.
64 Jean Baechler : *Le capitalisme 1. Les origines*.
65 Jean Baechler : *Le capitalisme 2. L'économie capitaliste*.
66 Gérard Monnier : *L'art et ses institutions en France (De la Révolution à nos jours)*.
67 Pascal Ory : *La France allemande (1933-1945)*.
68 Geneviève Fraisse : *Muse de la Raison (Démocratie et exclusion des femmes en France)*.
69 Georges et Andrée Duby : *Les procès de Jeanne d'Arc*.
70 Henri Mendras : *Les sociétés paysannes*.
71 Éric Conan et Henry Rousso : *Vichy, un passé qui ne passe pas*.
72 Jean-François Sirinelli : *Intellectuels et passions françaises*.
73 Jean-Pierre Vernant : *L'individu, la mort, l'amour*.
74 Lucien Febvre : *Amour sacré, amour profane*.
75 Michel Borwicz : *Écrits des condamnés à mort sous l'occupation nazie (1939-1945)*.
76 Alphonse Dupront : *Qu'est-ce que les Lumières ?*

77 Patrick Verley : *La Révolution industrielle.*
78 Paul Bairoch : *Victoires et déboires, I (Histoire économique et sociale du monde du XVIe siècle à nos jours).*
79 Paul Bairoch : *Victoires et déboires, II (Histoire économique et sociale du monde du XVIe siècle à nos jours).*
80 Paul Bairoch : *Victoires et déboires, III (Histoire économique et sociale du monde du XVIe siècle à nos jours).*
81 Jean Bottéro : *Mésopotamie (L'écriture, la raison et les dieux).*
82 Jean Bottéro : *La plus vieille religion (En Mésopotamie).*
83 Ian Kershaw : *Qu'est-ce que le nazisme ? (Problèmes et perspectives d'interprétation).*
84 Georges Duby : *Dames du XIIe siècle – 1. Héloïse, Aliénor, Iseut et quelques autres.*
85 Zeev Sternhell : *La droite révolutionnaire 1885-1914 (Les origines françaises du fascisme).*
86 Bino Olivi : *L'Europe difficile (Histoire politique de la Communauté européenne).*
87 Élisabeth Laffont : *Les livres de sagesses des pharaons.*
88 Collectif : *Le monde de la Bible.*
89 Georges Duby : *Dames du XIIe siècle – 2. Le souvenir des aïeules.*
90 Geneviève Fraisse : *Les femmes et leur histoire.*
91 Collectif : *1789 La Commémoration.*
92 François Furet : *La Révolution en débat.*
93 Georges Corm : *Le Proche-Orient éclaté 1956-2000.*
94 Alexis de Tocqueville : *Souvenirs.*
95 Jean-Marie Donegani et Marc Sadoun : *La Ve République (Naissance et mort).*
96 Georges Duby : *Dames du XIIe siècle – 3. Ève et les prêtres.*
97 Krzysztof Pomian : *Sur l'histoire.*
98 Collectif : *Aux origines du christianisme.*

99 Eric Hobsbawm : *Nations et nationalisme depuis 1780 (Programme, mythe, réalité)*.
100 Pierre Rosanvallon : *Le sacre du citoyen (Histoire du suffrage universel en France)*.
101 François Hartog : *Le miroir d'Hérodote (Essai sur la représentation de l'autre)*.
102 Henry Rousso : *Vichy. L'événement, la mémoire, l'histoire*.
103 Bino Olivi : *L'Europe difficile (Histoire politique de l'intégration européenne)*.
104 Ian Kershaw : *Hitler (Essai sur le charisme en politique)*.
105 Jean-Louis Crémieux-Brilhac : *La France Libres I (De l'appel du 18 juin à la libération)*.
106 Jean-Louis Crémieux-Brilhac : *La France Libres II (De l'appel du 18 juin à la libération)*.
107 Henri Wesseling : *Le partage de l'Afrique 1880-1914*.
108 Karl Marx : *Les Luttes de classes en France* suivi de La Constitution de la République française adoptée le 4 novembre 1848, suivi de *Le 18 Brumaire de Louis Bonaparte* et de *« Karl Marx devant le bonapartisme » par Maximilien Rubel*.
109 Sous la direction de Jean Poirier : *Histoire des mœurs, I vol. 1. Les coordonnées de l'homme et la culture matérielle*.
110 Sous la direction de Jean Poirier : *Histoire des mœurs, I vol. 2. Les coordonnées de l'homme et la culture matérielle*.
111 Sous la direction de Jean Poirier : *Histoire des mœurs, II vol. 1. Modes et modèles*.
112 Sous la direction de Jean Poirier : *Histoire des mœurs, II vol. 2. Modes et modèles*.
113 Sous la direction de Jean Poirier : *Histoire des mœurs, III vol. 1. Thèmes et systèmes culturels*.
114 Sous la direction de Jean Poirier : *Histoire des mœurs, III vol. 2. Thèmes et systèmes culturels*.
115 Michel de Certeau : *L'écriture de l'histoire*.
116 Michel de Certeau : *Histoire et psychanalyse entre*

science et fiction précédé d'*« Un chemin non tracé »* par Luce Giard.
117 Michel de Certeau, Dominique Julia et Jacques Revel : *Une politique de la langue (La Révolution française et les patois : l'enquête de Grégoire)*.
118 Pierre Rosanvallon : *Le peuple introuvable (Histoire de la représentation démocratique en France)*.
119 Pierre Bouretz : *La République et l'universel*.

Composition CMB Graphic.
Impression Bussière Camedan Imprimeries
à Saint-Amand (Cher), le 26 septembre 2002.
Dépôt légal : septembre 2002.
Numéro d'imprimeur : 024213/1.
ISBN 2-07-042470-7./Imprimé en France.

13827